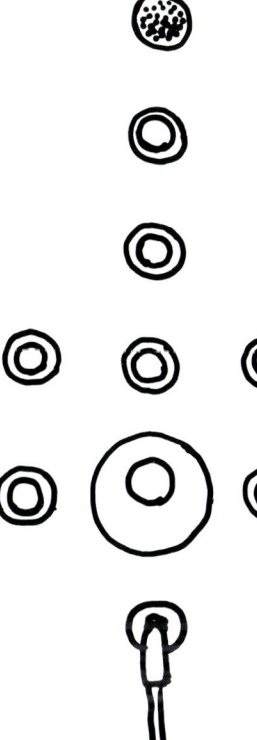

Die besten
BÄDER
individuell & maßgeschneidert   Joachim Fischer

Die besten

BÄDER

individuell & maßgeschneidert

Joachim Fischer

Inhalt

Was macht ein gutes Bad aus?

Die Antwort auf diese eigentlich schlichte Frage ist nicht trivial, weil sie viele Facetten hat. Im Mittelpunkt aller Betrachtung steht der Nutzer des Bads. Auf ihn muss das Bad zugeschnitten sein, seinen Ansprüchen muss es genügen, ihm muss es gefallen, er muss sich darin wohlfühlen. Wenn mehrere Personen das Bad nutzen, sollte dies im Idealfall für sie alle gelten.

Längst ist das Bad vom Ort der bloßen Körperreinigung zum Wohlfühl-Raum innerhalb des Hauses avanciert. Dieses „Wohlfühlen" wird von verschiedenen Faktoren beeinflusst und ist so individuell wie die Nutzer. Am Morgen haben sie in der Regel andere Bedürfnisse als am Abend, an einem Arbeitstag andere als am Wochenende, eine Frau andere als ein Mann oder ein Kind, ein Paar andere als eine Familie oder ein Alleinnutzer, ein junger Mensch andere als ein älterer, ein gesunder Mensch andere als ein Mensch mit einem Handikap. Grundlage einer guten Badplanung ist es also, zunächst die tatsächlichen Bedürfnisse der Badnutzer durch intensive Gespräche herauszufiltern. Dabei stellt sich sehr schnell heraus, dass ein gutes Bad weit mehr ist als eine Ansammlung schöner Objekte.

DER RICHTIGE WEG

Was für die moderne Medizin gilt, gilt heute auch für die Raumgestaltung: Der ganzheitliche Ansatz ist der Königsweg. Besonders zutreffend ist dies für die Badgestaltung. Schließlich bedarf es hier einiger fester Installationen, die sich nicht einfach verrücken

oder verändern lassen. Deshalb ist im Bad eine ganzheitliche Planung von Anfang an noch wichtiger als in anderen Wohnräumen.

Die frühe Auseinandersetzung mit den eigenen Wünschen und Anforderungen ist dabei von entscheidender Bedeutung. Zwei Fragen sollte sich der Badmodernisierer beantworten: Was stört mich an meinem alten Bad? Was würde ich gern in meinem neuen Bad tun (können)? Mit einem Badprofi an der Seite, der diesen Prozess begleitet, Ideen einbringt und die Wünsche in eine kreative Badplanung zu übersetzen weiß, wird so ein guter Grundstock gelegt. Egal welches Bad dann dabei am Ende herauskommt – ein Wohnbad mit direkter Anbindung an den Schlafraum, ein „Private Spa" mit Sauna und/oder Dampfdusche, ein Relax-Bad mit beheizter Ruhebank oder Entspannungsliege oder ein Raumwunder, bei dem auf kleinem Raum alles Nötige seinen geordneten Platz findet – es wird zu seinen Bewohnern passen.

ÜBER GESCHMACK LÄSST SICH NICHT STREITEN

Damit alles wirklich ideal passt, darf die Frage des eigenen Geschmacks nicht vernachlässigt werden. Wenn man sich hinterher tagein, tagaus in diesem Raum wohlfühlen soll, reicht es nicht aus, den Raum nach allen Regeln der Kunst und den neuesten Trends zu gestalten. Der Raum muss dem Harmoniebedürfnis der Bewohner entsprechen. Wirklich gute Partner für die Badgestaltung zeichnen sich deshalb dadurch aus, dass sie Formen, Farben und Materialien auf die Ge-

schmacksempfindung des Badnutzers ausrichten. Dabei kennen sie die Auswirkungen der Einzelentscheidungen auf den Gesamteindruck des Raums sowie die Möglichkeiten der Nutzung und schaffen es deshalb, eine dauerhafte Harmonie der einzelnen Gestaltungselemente herzustellen.

DAS BAD NEU DENKEN

Professionelle Badplaner denken deshalb jedes Bad komplett neu. Ihre Entwürfe berücksichtigen die Rituale und Bedürfnisse der Badnutzer ebenso wie die baulichen Gegebenheiten und die Möglichkeiten, die moderne Technik und zeitgemäßes Design bieten. Sie decken das gesamte Spektrum der Raumgestaltung ab: von der Decke über die Wände bis zum Fußboden, von den sanitären Einrichtungsgegenständen über die Badmöbel bis zu den Raumtextilien, von der Beleuchtung über die Beschallung bis zur Belüftung und Beduftung. Ideal ist es, wenn dann auch noch die Umsetzung in der gleichen Hand liegt. Denn dann kann man davon ausgehen, dass die Ausführung den gleichen Ansprüchen genügt wie die Planung.

SPEKTRUM DER MÖGLICHKEITEN

Das vorliegende Buch stellt Bauherren wie Planern anhand von in Privathäusern realisierten Bädern das breite Spektrum der Möglichkeiten vor. Alle gezeigten Bäder wurden von Badprofis nach den individuellen Wünschen der Auftraggeber ganzheitlich geplant und ausgeführt. Bei der Auswahl war es uns wichtig, große und kleine Räume, puristische und verspielte Gestal-

Das Bad als Lebensraum

tungsansätze, verschiedene Farbigkeiten und Materialien zu zeigen.

Konkrete Hilfestellung sollen die Angaben zur jeweiligen Aufgabenstellung, zu Produkten, Materialien und ausführenden Unternehmen geben. Die angegebenen Baukosten sind Komplettpreise, die sich aus Beratung, Planung und Realisation des gesamten Bads zusammensetzen. Ergänzend hierzu finden Sie gleich zu Beginn des Buches einige Profitipps rund um Gestaltung, Produkte und Materialien für die Realisierung Ihrer persönlichen „Erlebniswelt Bad".

Weil vor dem Erlebnis die Vision, das Traumbild vom Bad steht, kommen darüber hinaus führende Designer im Buch zu Wort, die durch ihre Ideen und Produktentwürfe die Welt des Bads entscheidend beeinflussen. Diese finden ihren direkten Ausdruck in den Produktserien führender Markenhersteller, die für Qualität und Nachhaltigkeit stehen. Darüber beeinflussen sie aber auch designorientierte Badeinrichter in Hinblick auf neue Raumkonzepte und ungewöhnliche Kompositionen von Gestaltungselementen.

Ich würde mich freuen, wenn Sie durch dieses Buch Inspiration und Anregung erhielten für die Realisation von „guten" Bädern, maßgeschneidert für jeden Raum, jeden Geschmack und jeden Bedarf.

M. Brüßel

Martina Brüßel

Geschäftsführerin von AQUA CULTURA, dem Qualitätssiegel führender Badeinrichter

Das Bad hat sich in den letzten Jahren von einer Nasszelle zu einem durchgestalteten, wohnlichen Raum gemausert. Designobjekte und Raumkonzepte lassen im Badezimmer ganze Welten minimalistischen, natürlichen oder poetischen Charakters entstehen. Antreiber dieser Entwicklung sind aber nicht nur die Designer, sondern auch die Badnutzer, die ein starkes Bewusstsein für Ästhetik, aber auch für Körperpflege und -genuss entwickelt haben.

Es gibt nicht viel, was den Weg unserer Gesellschaft von einer normorientierten Wertegemeinschaft zu einer offenen, genuss- und erlebnisorientierten Gemeinschaft von Individualisten deutlicher verkörpert als das Bad. Unser Bild von dem idealen Badezimmer hat sich in den letzten 50 Jahren vom standardisierten Funktionsraum zu einem ästhetisch höchst anspruchsvollen Wohnbad gewandelt, das genauso der Entspannung, der Fitness und dem Spaß dient wie dem Basisanspruch an die Körperhygiene.

Dieser Wandel kann in seiner Bedeutung gar nicht hoch genug eingestuft werden, bedenkt man, welche Widerstände die Metamorphose dieses alltäglichsten aller Wohnräume zu überwinden hatte und immer noch zu überwinden hat. Die Anfangsjahre nach dem Zweiten Weltkrieg standen bis zum Erreichen einer Vollausstattung der Haushalte Ende der Siebziger noch ganz im Zeichen der Standardisierung, mit der die Entwicklung neuer Produkte in festen Bahnen verlief. Doch damit entstand auch die feste Symbiose von Produkt und Funktion, von Technik und Form, die so charakteristisch für die Sanitärbranche ist – und einmalig in der Welt des Interior Designs.

Erst lange nachdem der Designer Luigi Colani 1975 mit seiner für Villeroy & Boch entworfenen Kollektion das Bad aus oben besagtem Dornröschenschlaf wachküsste und mit der Tradition der rechtwinklig-nüchternen Ästhetik gebrochen hatte, er-

oberte das Design in den Achzigerjahren die immer noch durchgehend gekachelten Wände. Auch die Wellness-Idee erlebte in der Branche einen ersten Höhepunkt. Den wichtigsten Schritt des Bads auf seinem Weg zu einem „richtigen Zimmer" markiert wohl die erste Kollektion des schillerndsten Designers seiner Zeit, Philippe Starck, die er 1994 für die Sanitär-Hersteller Duravit, Hansgrohe und Hoesch entwarf. Starck fasste die Produkte wie Möbel auf, die mehr oder weniger frei im Raum zu platzieren waren.

Nach und nach wurde das Bad wohnlicher, die Hersteller boten Badmöbel und komplette Badezimmerkonzepte an. Heute ist die frei stehende Badewanne das Zentrum vieler Raumkonzepte, die das Bad als Raum mit unterschiedlichen Nutzungszonen auffassen. Dabei lösen sich die Sanitärobjekte mehr und mehr von der Wand, ragen in den Raum hinein oder werden mittig platziert. Dadurch entstehen Sichtachsen, sich durchdringende oder abgeschirmte Raumteile. Aus Duschen werden Raumteiler, Vorwandelemente nehmen Armaturen und Waschbecken auf, und das WC verschwindet, wenn schon nicht ganz aus dem Bad, so doch zumindest in eine abtrennbare Nische. Denn der Rest des Bads wird als Wohnfläche definiert, die etwa durch Relax-Möbel und Teppiche ausgestattet wird.

Die Inszenierung des Wassers und seine Einbindung in ein Design- und Ritual-Konzept wurde von keinem eindrucksvoller umge-

↑ Das Bad präsentiert sich als Wellness-Oase der Extraklasse – Abtauchen und Entspannen (Seite 36).

↑ Aus der ehemaligen Küche entstand ein Badezimmer. Ein stimmiges Zusammenspiel der Materialien prägt das Ambiente (Seite 86).

setzt als von Dornbracht, der Designmarke, die mit der Armatur Tara von Dieter Sieger schon einmal einen neuen Archetypen begründet hatte: Die minimalistische Armatur Mem und das mit ihr verknüpfte Raumkonzept führten 2003 eine neue Qualität in die Badgestaltung ein, die Herstellern, Installateuren, Architekten und Konsumenten eine ganzheitliche Sichtweise nahe legte.

Design hat als Impulsgeber, Ideenlieferant, Innovator und stilbildendes Element eine hohe Produktkultur etabliert. Die harmonische Linienführung in den Kollektionen ist genauso auf den Einfluss der Designer zurückzuführen wie die skulpturale Qualität der einzelnen Ausstattungselemente. Der Trend geht dabei zu einer freieren formalen Auffassung der einzelnen Elemente einer Kollektion, die mehr Variation in die Modellgestaltung bringt und stereotype Muster vermeidet. Denn im Gegensatz zu den Achtzigerjahren will man keine Stilikonen mehr imitieren, sondern individuell gestalten. Der Konsument ist in Stil und Umgang mit dem Design lässiger geworden. Er träumt nicht mehr von einem opulenten Bad, sondern von einer privaten Insel. Ein „Private Spa", ein eigenes Zimmer zum Baden, zur Erfrischung, zur Körperpflege, zum Relaxen, zum Sichschönmachen, zum Musikhören und Sichwohlfühlen, in dem die Ästhetik mehr der geistigen Erholung als der Repräsentation dient.

Dabei rücken auch neue Überlegungen bei der Gestaltung des Bads in den Fokus. Auch wenn sie alle direkt oder indirekt mit Design zu tun haben, zielen sie weniger auf die optische Qualität des Bade-

zimmers als auf inhaltliche Aspekte. Nicht nur technisch komfortabel ausgestattet, sondern auch nachhaltig soll das Bad heute sein. Dazu gehört neben umweltschonenden Materialien und Produktionsmethoden vor allem Wasser und Energie sparende Technologie, und zwar nicht nur bei der Toilettenspülung, sondern vor allem bei Heizsystemen und Armaturen.

Genauso wichtig ist die Idee des Generationenbads. Hier wird nicht nur auf die Bedürfnisse einer älter werdenden Gesellschaft nach barrierefreier Gestaltung eingegangen, sondern auch auf eine gute Erreichbarkeit und Bedienbarkeit für Kleinkinder. Dieses „Easy bathroom" vereint Sicherheit, Ergonomie und zeitgemäße Ästhetik und ermöglicht es möglichst vielen Menschen, ihr Bad in jedem Altersabschnitt selbstständig zu nutzen.

Die Zukunft des Bads ist nicht nur durch die Verwendung wohnlicher Materialien und Möbel gekennzeichnet, sondern auch durch Offenheit zu benachbarten Räumen. Wohn- und Schlafzimmer werden immer stärker als Einheit begriffen, auch wenn sie klimatechnisch schwieriger zu realisieren ist als die schon nahezu standardisierte Verschmelzung von Küche und Wohnbereich. Denn das Erlebnis von Wasser als elementare Kraft von regenerierender und entspannender Wirkung steht nun einmal im Mittelpunkt moderner Badkultur – Wasserverbrauch hin oder her.

Frank A. Reinhardt

⬆ Eine Waschschale in ihrer ureigensten Formensprache ziert das typische Schlauchbad (Seite 90).

NEUE GRUNDRISSLÖSUNGEN

Ob ein Haus mit Baujahr 1950 umgebaut oder ein Neubau den heutigen Wohnvorstellungen entsprechend geplant wird, es gehören immer Erfahrung, Materialverständnis und ein überzeugendes Raumkonzept dazu. Bereits seit Längerem ist der Trend zu beobachten, die Nutzung des Wohnraums hin zu fließenden Übergängen zwischen den einzelnen Räumen zu optimieren. Die Küche beispielsweise, früher oftmals ein eigener abgetrennter Raum, öffnet sich nun und wird der kommunikative Mittelpunkt eines gemeinsam genutzten Wohn- und Essbereichs. Erkennbar ist: Die eigenen vier Wände bilden den sozialen und kommunikativen Mittelpunkt des Lebens und werden zunehmend ein Ort des Rückzugs und der Entspannung – hier im Besonderen das Badezimmer. Nach wie vor sind heute noch viele Badezimmer sehr klein bemessen und oftmals ungünstig gestaltet. Dies schränkt die Nutzbarkeit ein, die maßgeblich von der Größe und von der Anordnung der zur Verfügung stehenden Bewegungsflächen bestimmt wird. Man kann aber auch in kleinen Bädern mit wenig Mitteln etwas Schönes erreichen. So kann ein Badezimmer mit ausgewählten Accessoires zu neuem Leben erweckt werden.

Überlegen Sie, was Ihnen beziehungsweise Ihrem Bauherrn wichtig ist, und setzen Sie Prioritäten. Generell sollte man versuchen, Grund- oder Wandflächen zu vergrößern oder deren Nutzung zu optimieren – hier entscheiden oftmals wenige Zentimeter. So werden aus alten Küchenräumen neue Badezimmer (Seite 86) oder es

entstehen aus beengten Badezimmern mit Badewanne nun großzügige Duschbäder (Seite 90). In kleinen Räumen kann es schwierig sein, alles Notwendige unterzubringen. Hier ist Kreativität und Individualität gefordert. Wer beispielsweise auf eine Badewanne verzichtet und stattdessen nur eine Dusche auswählt, gewinnt etwa ein Drittel des Platzes. Und kleine Räume wirken größer, wenn die Gestaltung schlicht und optimal aufeinander abgestimmt ist. Das vorliegende Buch zeigt, dass spannende Lösungen auch unter komplizierten Verhältnissen möglich sind. Weniger ist da oftmals mehr.

BARRIEREFREIES BADEZIMMER

Die Vorbereitung für komfortable und zugleich barrierefreie Badezimmer sollte generell zum Standard werden, dann ist auch eine generationenübergreifende Nutzung möglich. Denn die Notwendigkeit, sich mit Barrierefreiheit, und somit einem Handikap des Nutzers, auseinanderzusetzen, ist hinlänglich bekannt und unumstritten. Eine barrierefreie Badausstattung soll einer verminderten Beweglichkeit, einem verzögerten Reaktionsvermögen oder anderen alters- bzw. krankheitsbedingten Einschränkungen gerecht werden, ohne dabei jedoch direkt auf die Hilfsbedürftigkeit der Nutzer hinzuweisen – sei es eingeschränkte Bewegungsfreiheit der Arme, Hände, Beine oder anderer Faktoren. Ein Handikap kann auch bei einer verminderten Sehstärke vorliegen. Hier kann durch eine entsprechende Farb- und Lichtgestaltung vorgebeugt werden, ohne den Charakter eines Wohnbads zu verlieren. Nicht nur Senioren, auch Kleinkinder haben ein Handikap – für sie hängen

↑ Mehr als nur ein Blickfang: der bodengleiche Duschbereich ist formschön und barrierefrei zugleich (Seite 28).

↑ Die puristische Möblierung ist gewollt. Marmor in seiner schönsten Form unterstreicht die reduzierte Gestaltung (Seite 126).

meist Waschtisch und WC zu hoch, sind Brausearmaturen und Brausestange in unerreichbaren Höhen. Weshalb sollte also in einem Bad nicht ein höhenverstellbarer Waschtisch eingesetzt werden, der genauso gut für das Kleinkind oder für einen Rollstuhlfahrer nutzbar ist? Immer noch wird der Begriff „Barrierefreiheit" zu sehr mit Behinderungen oder sterilen Pflegebädern in Verbindung gebracht. Das muss nicht sein, denn barrierefreie Bäder sind individuell und wohnlich, wenn man sie intelligent gestaltet – und das bei optimaler Funktionalität (Seite 126). Wichtig ist, die Grundlagen zu schaffen und entsprechende Bewegungsflächen von Beginn an einzuplanen. Dann lässt sich das Bad im Bedarfsfall unkompliziert und vergleichsweise preiswert mit den notwendigen speziellen Sanitärobjekten oder zusätzlichen Hilfsmitteln ausstatten. Für die Gestaltung bedeutet das einen generellen Perspektivwechsel, der Mensch steht im Mittelpunkt der Planung und nicht das Objekt. Hierzu besteht inzwischen ein großes Angebot an funktionalen wie ästhetisch gelungenen Produkten und Services, die im Badezimmer zu einer komfortablen und bedarfsgerechten Nutzung für alle Alters- und Benutzergruppen führen. Entsprechend flexible Möbelprogramme schaffen durch variable Einzelelemente und austauschbare Komponenten somit die richtige Funktionalität für jede Lebensphase. So sollten sich für ein privates, barrierefreies Badezimmer Komfort und Sicherheit nicht gegenseitig ausschließen. Armaturenhersteller haben sich der Aufgabenstellung angenommen, Kinder und Senioren im privaten Badezimmer vor Verbrühungsgefahr zu schützen, ohne dafür auf Spezialarmaturen aus dem Kli-

niksortiment zurückgreifen zu müssen. Dabei geht es darum, den Sanitärbereich so zu gestalten, dass er maximalen Komfort bietet und auch etwas über das individuelle Stilempfinden des Nutzers aussagt. Nicht wie im Altenheim, sondern ästhetisch und komfortabel und dabei funktional und sicher präsentieren sich moderne Badgegenstände für die „Generation 50plus" und stehen nicht nur für diese Generation hoch im Kurs. Aber nicht nur barrierefreie Bäder, sondern immer mehr Badezimmer mit Komfortanspruch werden zum Beispiel mit einer stufenlos begehbaren Dusche ausgestattet. Hierzu werden extraflache Duschböden (Seite 28) auf Maß, angepasst an die jeweiligen räumlichen Gegebenheiten und Abmessungen, angeboten, die praktischen Nutzen mit höchsten Hygiene- und Designansprüchen verbinden. Was bei einem Handikap eine notwendige und nützliche Hilfe ist, bietet in jüngeren Jahren zusätzlichen Komfort. Nicht umsonst liegen bodengleiche Duschen gerade bei der jüngeren Generation voll im Trend.

NACHHALTIGKEIT – GREEN BATHROOM

Noch bis vor Kurzem prägte Design den Kern eines Produkts. Nun verlagert sich das Interesse der Bauherren auf die Umweltverträglichkeit – die Nachhaltigkeit. So werden, neben baulichen, auch immer mehr baubiologische, ökologische, energetische und langfristig wirksame ökonomische Aspekte gefordert. Nachhaltigkeit berücksichtigt den Einsatz von intelligenter Technik, innovativen Konstruktionen, ökologisch verträglichen Materialien und umweltbezogener Energiewirtschaft. Die Idee dahinter ist die Notwendig-

⬆ Die Krönung des Industrie-Loft ist sein großzügig angelegtes Wellnessbad (Seite 82).

keit eines nachhaltigen Umgangs mit den natürlichen Ressourcen einerseits und die Abhängigkeit von knapper und teurer werdenden Energiereserven andererseits. Somit hat der Trend zur Nachhaltigkeit auch einen immer stärker werdenden Einfluss auf die Gestaltung und technische Ausrüstung eines zeitgemäßen Badezimmers. Entsprechende Konzepte helfen mit technischen Raffinessen, Wasser und Energie zu sparen, ohne auf Komfort zu verzichten. Somit ist es sinnvoll, gleich an Energie sparende Maßnahmen wie Wärmedämmung, den Einbau neuer Fenster oder einer neuen Heizungsanlage zu denken. Alle Ansätze für das Bad laufen vor allem auf drei Faktoren mit Nachhaltigkeitseffekt hinaus: Wassernutzung, Materialeinsatz und Energieverbrauch. Die Diskussion um die ökologische Unbedenklichkeit von sanitären Kunststoffen und sonstigen Materialien ist noch nicht abgeschlossen. Neue Produkte gewährleisten die Langlebigkeit und Wiederverwertbarkeit samt Erweiterbarkeit von Materialien und Ressourcen. Sanitärkeramik gehört sicherlich zu den ältesten und unbedenklichsten Werkstoffen, die wir kennen. Bei den Produkten sollte nicht nur die Qualität der Ausführung, sondern auch die Lebensdauer einzelner Bauteile sowie der Pflegeaufwand während dieser Zeit berücksichtigt werden. Nachhaltigkeit im Bad zeichnet sich vor allem durch die Langlebigkeit der Ausstattungselemente aus, die eben nicht nur durch die Qualität der Materialien und ihre Verarbeitung, sondern vor allem durch ihre gestalterische Zeitlosigkeit erreicht wird. Demnach kann Nachhaltigkeit auch als ästhetische Langlebigkeit bezeichnet werden. Inzwischen haben Markenhersteller in Sachen Nutzungseffizienz bereits vieles

vorgelegt, was zum Beispiel den Wasserverbrauch auf ein Minimum beschränkt. Mit Durchflussbegrenzern, Duschstopps und moderner Brausetechnik kann der Wasserbedarf ohne Komfortverlust stark reduziert werden. Bei solch einem Badezimmer muss man nicht auf altmodische Alternativästhetik zurückgreifen. Hier bieten sich alle Möglichkeiten eines anspruchsvollen modernen Designs, das sich sowohl durch eine besondere Ästhetik, eine Integration komplexer Technologien und besonderer Sparsamkeit und Materialreinheit auszeichnet. Vom Standpunkt des ökologischen Designs vereint ein nachhaltig ökologisches Badkonzept die Ansprüche, die generell ein gutes Bad kennzeichnen sollten.

LICHT FÜRS BADEZIMMER

Im Badezimmer beginnt und endet der Tag, seine Ausstrahlung trägt entscheidend zum persönlichen Wohlbefinden bei. Doch nicht immer ist dieser Raum ausreichend groß, und gelegentlich fehlen auch Fenster und somit Tageslicht. Dennoch kann eine behagliche Atmosphäre entstehen, und dabei spielt Licht eine entscheidende Rolle. Es sind fein komponierte Nuancen, die über die Atmosphäre entscheiden. Eine gleichmäßige Beleuchtung ist schon deshalb wichtig, um Unfällen im Bad vorzubeugen. Aber es geht auch um die Stimmung. Licht wirkt am angenehmsten, wenn es sich gleichmäßig verteilt ist. Im Idealfall kommt das Licht von allen Seiten. Die bestmögliche Beleuchtung im Bad (Seite 62 und 82) besteht aus mehreren Komponenten: einer Grundbeleuchtung, einer Akzentbeleuchtung und der Platzbeleuchtung am Spiegel.

↑ Das großzügige Bad bildet zusammen mit dem Schlafzimmer einen offen gestalteten Lebensraum (Seite 62).

Je nach Stimmung, Tageszeit und Gefühlslage kann der Raum in unterschiedliche Lichtstimmungen getaucht werden: das kann eine stimulierende, dem morgendlichen Sonnenlicht nachempfundene Beleuchtung oder ein gedimmtes Licht am Abend sein, das uns den Stress des Alltags vergessen lässt. (Seite 60: Porträt des Licht-Designers Bernd Beisse). Spezialeffekte lassen sich mit versenkten Deckenstrahlern erzielen, für eine erholsame Stunde in der Wanne genügt aber schon eine kleine Kerze. Licht und Farbe können hierbei miteinander spielen. Alle heute in Innenräumen eingesetzten Lampen haben eigentlich sehr gute Farbwiedergabeeigenschaften, dennoch sind für das gesamte Badezimmer Leuchten mit warmweißer Lichtfarbe zu empfehlen. Vergleichbare Beleuchtungsqualität vorausgesetzt, sieht so das geschminkte Gesicht deshalb auch außerhalb des Bads aus wie vor dem Spiegel.

BADEZIMMER-LOUNGE

Der Megatrend „Lounge" ist auch im Badezimmer angekommen. Die Kombination aus Kommunikation und Entspannung in Wohl-fühl-Atmosphäre ist die zentrale Thematik bei diesem Trend. Während Wellness oft schweigend und allein zelebriert wird, steht beim Lounging die Idee im Mittelpunkt, dass sich das Bad ganz bewusst als gemeinsamer Treffpunkt nutzen lässt. So individuell wie seine Besitzer kann hierbei auch die Gestaltung sein. Die Veränderungen in der heutigen Welt haben den Wunsch nach einem neuen Lebens- und Wohnraum generiert. Immer mehr Paare haben immer weniger

Zeit für einander, da scheint das Bedürfnis nach gemeinsamer Nähe in einer entspannten Umgebung als logische Konsequenz. Sofa oder Sessel, Beistelltisch, ein offener Kamin und weitere Wohnaccessoires werden gekonnt in das Konzept der Badezimmer-Lounge integriert. Ob Klassikkonzert in der Sauna, Fernsehen im Whirlpool oder E-Mails in der Badewanne – moderne Kommunikationsmedien wie Fernseher, Computer und Soundsysteme machen das Konzept rund und das Badezimmer zum multimedialen Erlebnis. Inzwischen gibt es beispielsweise Halogenspots mit integrierten Lautsprechern und Fernseher im Spiegel – mit der mitgelieferten Fernsteuerung ist alles ganz einfach zu bedienen. Ein außergewöhnliches Licht-konzept, sei es indirekt oder farbig, sei es mit Kerzen oder LEDs, sorgt zusätzlich für die richtige Stimmung. Einzige Voraussetzung, um diesen Trend im eigenen Heim umzusetzen, ist ausreichend Platz, denn die Verschmelzung der verschiedenen Wohnbereiche wie Wohn-, Schlaf- und Badezimmer verlangt selbstverständlich nach einer gewissen Großzügigkeit. Ist diese gegeben, steht einem Premium-Bad als Lounge nichts im Weg.

DIE GÄSTETOILETTE

Beengt, zweckmäßig, spartanisch: Mit weniger als fünf Quadratmetern Fläche ist die durchschnittliche Gästetoilette zwar einer der kleinsten Räume im Haus, spielt dem Stil des Gastgebers entsprechend aber eine herausragende Rolle. Eine Gästetoilette ist nahezu ausschließlich Besuchern vorbehalten (Seite 22 und 130)

↑ Im repräsentativen Gästebad wird selbst die Ecke gut genutzt, ohne dominant zu wirken (Seite 22).

↑ Dem Wunsch nach dem Ambiente eines Hotelbades kommt das farbige Glas entgegen (Seite 130).

und erlangt dadurch in ihrer Ausstattung immer mehr Bedeutung. Schönes, funktionelles Design und perfekte Raumnutzung sind die Elemente, die das „stille Örtchen" zu einem wahren Aushängeschild des Hauses machen. Eine Dusche kann ergänzend dazukommen, wenn zum Beispiel ein Gästezimmer angrenzt. Viele Gästeduschen im Eingangsbereich werden auch gern als Kinderdusche oder für den vierbeinigen Liebling nach dem Spaziergang im Regen genutzt. Wichtig sind neben einer geschickten Einrichtung mit idealer Raumaufteilung vor allem pflegeleichte Materialien. Insbesondere wenn ein Raum nicht jeden Tag genutzt wird, trotzdem aber einwandfrei aussehen soll, ist dieser Punkt sehr wichtig. Sieht man von den Herausforderungen der geringen Fläche ab, gelten für eine Gästetoilette die gleichen Grundsätze wie bei großen Bädern: Mit stimmungsvoller Beleuchtung und den passenden Accessoires wird die „Besucher-Nasszelle" so zum kleinen Wohlfühlrefugium.

OBJEKTE

Das Sinnbild des nostalgischen Badobjekts ist die freistehende Badewanne mit Löwenfüßen. Die Zeiten haben sich geändert, immer bessere Objekte sind im Angebot und werden für eine breite Öffentlichkeit erschwinglich. So entsteht nicht nur der Wunsch nach einem neuen Bad, sondern oft auch der nach einem Austausch der alten Waschbecken und Badewannen durch neue, zeitgemäße Sanitärobjekte. Oftmals wecken im Besonderen die neuesten Kreationen eines Designers oder eine technische Innovation den

Wunsch nach Veränderung. Hier gibt es tausendfache Möglichkeiten und Varianten, egal ob für das kleine Bad unter dem Dach oder das großzügige Wellnessbad im Landhaus. Die Angebotspalette der Ausführungsqualitäten und der damit verbundenen Preise ist enorm. Hierzu sollte man realistisch die individuellen Bedürfnisse abstecken: Ist eine neue Badewanne notwendig oder eher eine Dusche mit Regenbrause, wird das Bad von einer Person oder gar von mehreren Personen gleichzeitig benutzt? Werden im Waschbecken nur die Hände gewaschen oder sollte es ausreichend tief sein, um auch einmal Kleidung von Hand auszuwaschen? Wenn man sich dann noch die Haare am Waschtisch waschen möchte, wird man den Wert einer Armatur mit hohem und langem Auslauf zu schätzen wissen. Auch rund um das WC gibt es ausreichend Varianten: auf dem Boden stehend, da nicht anders zu lösen oder, geschickter und formschöner, an der Wand hängend. Leider lassen sich Sanitärobjekte im Bad nicht so einfach wie Möbel im Wohnzimmer verteilen, aber moderne Installationstechniken – beispielsweise so genannte Vorwandelemente – ermöglichen inzwischen eine zwanglosere Platzierung der Objekte. So können diese mit ihren notwendigen Zu- und Abflüssen auch mal frei im Raum platziert werden (Seite 32 und 76).

MATERIALEN

Das Badezimmer wird mehr und mehr zum Wohnraum. Ein besonderes Augenmerk liegt auf der Auswahl der Materialien und Produkte, denn dieser Mix aus Oberflächen und Farben kann das Wohlbefinden im Badezimmer völlig verändern. So wird beispielsweise in warmen Gefilden durch eine bewusst blau-grün dominierte Ausstattung eine abkühlende Wirkung erzielt, in kühleren Gegenden verhilft eine Gestaltung in Creme/Beige dagegen zu ausgleichendem Wärmeempfinden. Im Badezimmer vorhandene Wand- und Bodenflächen müssen nicht zwangsläufig mit Fliesen, sondern können auch mit anderen für Nass- und Wohnbereiche geeigneten Oberflächen gestaltet werden. Längst kommt hier eine Vielzahl moderner Materialien und wohnlicher Oberflächen wie Tapeten, Textilien und Parkett zum Einsatz. Ob Granit, Massivholz, Glas, Beton, Edelstahl, Keramik oder Kunststoff – heutige Materialien können fast allen Ausstattungswünschen gerecht werden. Wichtig dabei ist die Kombination mit- und untereinander. So sollten die hierfür geeigneten Materialien und Objekte möglichst nicht nur nach der Optik ausgewählt werden, sondern auch vorher einmal befühlt werden. Behaglichkeit vermitteln gedeckte Farben und Accessoires, und eine Fußbodenheizung lässt kalte Tage vergessen. Wenn der Boden nicht beheizt werden kann, sollten auch einmal „fußwarme" Materialien wie Holz in die Auswahl mit einbezogen werden. Folgende Materialien stellen nur eine geringe Auswahl der Möglichkeiten dar, können aber im Badezimmer für Wand- und Bodenbeläge bedenkenlos zum Einsatz kommen.

Glas

Glas kann geätzt, bedruckt und gefärbt werden und ist zudem durch seine porenfreie Oberfläche hygienisch und pflegeleicht. Das Spektrum reicht vom Waschtisch aus Glas über Ganzglasduschen bis zu Regalen und Wandverkleidungen.

Holz

Holzoberfläche ist nicht gleich Holzoberfläche – speziell beim Einsatz im Badezimmer. Fälschlicherweise denkt man noch immer, dass sich Holz für den Einsatz in einem feuchten Raum wie dem Badezimmer nicht eigne. Einerseits sind Badmöbel hier nicht mit den Möbeln aus dem Wohnraum zu vergleichen. Diese werden eigens für Feuchträume produziert und sind unempfindlich gegen Spritzwasser und erhöhte Luftfeuchtigkeit. Andererseits verleiht eine Holzverkleidung dem Badezimmer ein warmes Ambiente, denn es mildert die optische Kühle von Sanitärkeramik. Richtig ausgewähltes und verlegtes Holzparkett ist widerstandsfähig und fühlt sich auch für nackte Füße angenehm an.

Keramik

Sanitärkeramik, aus der zum Beispiel Waschbecken hergestellt werden, ist alterungsbeständig und sehr hygienisch. Als Wand- und Bodenbelag sind keramische Fliesen in den verschiedensten Größen, Farben und Formen erhältlich.

Stahl-Emaille

Stahl-Emaille ist der klassische Werkstoff in der Badgestaltung. Die glasartige Oberfläche ist nicht nur besonders belastbar, farbbrillant und pflegeleicht, sondern zeichnet sich zusätzlich durch eine eigenständige Formensprache aus. Eine Emaillebeschichtung garantiert absolute Hygiene im Bad.

Edelstahl

Edelstahl verleiht dem Badezimmer Glanz: Das Material ist widerstandsfähig und wird vor allem für polierte oder strukturierte Oberflächen verwendet. Über die ausschließliche Verwendung bei Armaturen und Badaccessoires kommt Edelstahl nun auch als Oberfläche zum Einsatz.

Beton

Durch seine Oberfläche wirkt Beton zeitlos modern, ist widerstandsfähig und absolut pflegeleicht. Waschtische, Duschen und Badewannen aus Beton ergeben zusammen mit Betonböden eine stilvolle Einheit. Durch den zusätzlichen Einbau von Warmwasserheizungen wird für eine gleichbleibende Wohlfühltemperatur gesorgt.

Naturstein

Die Verwendung von Naturstein im Badezimmer ist mittlerweile kein Luxus mehr. Marmor, Granit, Schiefer oder Travertin werden gewählt, um im Badezimmer einen besonderen Akzent zu setzen. Glatte Oberflächen kommen dabei ebenso zur Anwendung wie auch Kieselstein für Böden und Bruchstein als Wandbelag.

Kunststoff

Kunststoff wird als Material für das Badezimmer immer beliebter, da die synthetischen Wand- und Bodenbeläge porenfrei und wasserfest sind. Lackspanndecken sind eines von vielen Beispielen.

Mineralwerkstoffe (Corian)

Die Formbarkeit, das große Farbangebot und die angenehm temperierte Haptik von Mineralwerkstoffen sind ideal für individuelle Badezimmerlösungen. Das Material ist absolut pflegeleicht und hygienisch rein. Es widersteht Flecken, Pilzen und Schimmel nahezu komplett.

Anja und Gerhard Beuttenmüller, Badkultur, Stuttgart

Georg Boddenberg, Boddenberg Baddesign, Leverkusen

Gisela Bukoll, Bukoll Bäder + Wärme, Diessen/Ammersee

Regine und Thilo Dreyer, Dreyer, Erlangen

Peter Falk, badgestalten. GmbH, Oldenburg

Maritta Goldmann, Badmanufaktur, Berlin

Mike Günther, BAD ELEMENTE, Hamburg

Renate John, Wolfgang John GmbH, Heistenbach

Ursula Kachel, Die Bädergalerie, Heilbronn

Stephan Krischer, Ultramarin, Köln

Jürgen Möllers, BAD & MEHR, Münster

Heidrun Nordmann, Bäder und mehr, Steyerberg

Thomas Roth, Badmanufaktur, Wiesbaden

Ingrid Schramm, Schramm GmbH & Co. KG, München

Elmar Steinrücke, Bad + Raum in Perfektion, Dortmund

Klaus Stephan und Erik Demmer, WATERFRONT, München

Ines Tanke, Bäder-Werkstatt, Apfelstädt

Yvonne Wagner, Wagner GmbH, Rodgau

Allein oder gemeinsam

Unter dem Begriff „Wohnbad" stellen sich viele Menschen ein exklusiv eingerichtetes Badezimmer mit verschiedenen Nutzungsbereichen in komfortabler Raumgröße vor. Bei der Gestaltung dieses Wohnbads wurden zwei Zimmer und der Balkon miteinander verbunden. Der ehemalige Balkon erhielt an drei Seiten eine vom Boden bis zur Decke reichende Verglasung, die eine natürliche Belichtung des innenliegenden Bads gewährleistet. In dem entstandenen gläsernen Raum, der bei Bedarf durch einen bodenlangen Vorhang vom übrigen Badezimmer abgetrennt werden kann, dient nun ein Erbstück, ein drei Meter langer Holztisch, als Damen-Waschplatz. Das

Waschbecken des Hausherrn befindet sich an der dem Bett gegenüberliegenden Seite des Raums und ist zweckmäßig und reduziert gehalten. Den Mittelpunkt des Wohnbads bildet der von unten beleuchtete und mit dunklen Ölschieferplatten verkleidete Wannenblock, dessen Liegefläche über eine Flächenheizung erwärmt wird. Die frei stehende Wanne befindet sich zwischen Bett und Zwischenwand, in die der offene Kamin und ein Plasmabildschirm eingelassen sind.

Die Bauherren legten größten Wert auf harmonisch und sensibel aufeinander abgestimmte Materialien und Einrichtungsgegenstände: brauner Ölschiefer für die Wan-

➡ Für alle gängigen Wannenmodelle gibt es passgenaue Wannenträger aus Hartschaum, die individuell verkleidet werden können.

↘ Duschbereich mit Blickachse zum Waschbereich des Hausherrn.

INFORMATIONEN
Umbau/Renovierung im Bestand | Fertigstellung: 2004 | Grundfläche: 23 m² | Baukosten: 60.000 Euro

↑ Schön, wenn sich Ideen verwirklichen lassen: eine Ruheinsel mit
Blick in den Wintergarten.
← Der schnörkellose Waschplatz für die
schnelle Rasur.

Waschtische
(Dame und Herr): alape
Badewanne: Bette, Family
Armaturen: Dornbracht,
Tara, Meta OZ und eMote
Möbel: Maßanfertigung

nenverkleidung, alle Möbel in hellem Holz, der gesamte Boden mit
sandfarbenen Fliesen ausgelegt. Eine rote Rückwand am Bett sowie
durchgängig helle Wände und Decken runden die Atmosphäre des
gesamten Raums ab. Fließende Übergänge – ohne Mauern – verbinden Bad und Schlafzimmer, Pflegebereich und Entspannungs-
zonen. Die Wertigkeit eines Wohnbads wird hier neu definiert.

Grundriss M 1:100

Bad als Visitenkarte

Ein Badezimmer sollte so individuell sein wie sein Besitzer. Das sagen sich immer mehr Bauherren und geben ihrem Bad eine ganz persönliche Note. Das war bei dieser Aufgabe nicht anders, doch handelt es sich hier allesamt um Gästeräume, die die Planer in einer herrschaftlichen Villa zu konzipieren und gestalten hatten: eine Gästetoilette im Erdgeschoss für Tagungsgäste, eine weitere im Obergeschoss und ein Bad mit separater Toilette für Übernachtungsgäste der Firmenleitung.

Für das Badezimmer im Obergeschoss war die Aufgabenstellung, dass sich die Gäste mit all den Annehmlichkeiten wie Fön, Rasierer und mehr ganz wie in einem First-Class-Hotel fühlen sollten. Die Wünsche der Bauherren waren ebenso klar wie die Umsetzung mit möglichst wenigen Fugen, wenigen Materialien und Farben. Modern, klassisch, reduziert und dennoch repräsentativ sollte der Raum wirken. Und so lautete die Devise der Planer: Klar gliedern, jeden Winkel durch eine perfekt logische Planung nutzen, in allen Räumen die gleiche Badkollektion einbeziehen, um eine klare Linie in der Inneneinrichtung zu erhalten und mit optischen Tricks dem Eindruck von Enge entgegenwirken.

Die Dusche im Gästebad musste groß und geräumig sein und sich in das gesamte Ambiente der umgebauten Villa einpassen.

INFORMATIONEN
Umbau/Renovierung im Bestand | Fertigstellung: 2008 | Grundfläche Bad: 12 m²

← Viel Raum bietet das Gästebad.
↓ Schön, wenn man hier Gast des Hauses ist und die Annehmlichkeiten eines Luxushotels genießen kann.

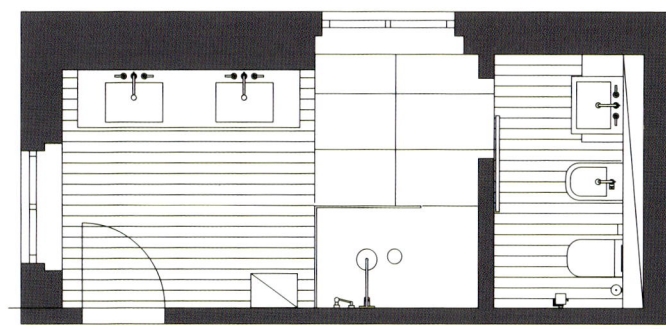

◄ Ein Duscherlebnis der besonderen
Art: großzügige Glasflächen, ein
schwellenloser Einstieg und – als
edler Blickfang – die Wandflächen
in Corian.

↘ Nischen, Ablagen, Spiegel und Licht
lassen die Gästetoilette erstrahlen.

Waschtisch: Antonio Lupi, Point
Toilette: Antonio Lupi, Evakuo
Möbelprogramm: Antonio Lupi
Armaturen: Dornbracht, Tara classic

Grundriss M 1:75

Hell und luftig sollte alles wirken und eine nicht ganz alltägliche
Wandgestaltung das Gesamtbild abrunden. Man entschied sich
für raumhohe Wandverkleidungen aus fugenlos verlegtem, reinweißem Corian. Die Wände stehen damit im Kontrast zu dem dunklen Parkettboden und den Einbauten aus Wenge. Der attraktive
Waschtisch, ebenfalls aus Corian, im elegant-technischen Design
konnte effektvoll in den Raum hineinplatziert werden, was dem
Badezimmer ein besonderes Ambiente verleiht. Gut aufeinander
abgestimmt sind auch die matten Metalloberflächen von Armatur,
Drückergarnitur und Wandleuchten. Für die kleinen Accessoires, die
für Gäste bereitzuhalten sind, bieten die Auszüge unter der Waschtischplatte ausreichend Platz.

25

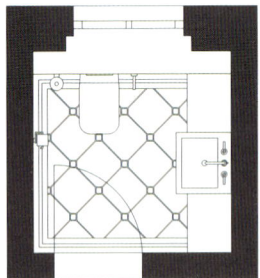

Grundriss M 1:75

Ein komfortables Bad muss nicht über eine große Grundfläche verfügen. Das elementare Zusammenspiel von Wasser, Luft und Wärme kann sich auch in kleinen Räumen entfalten, doch ist eine sorgfältige Planung hier noch wichtiger als bei großzügigen Raumverhältnissen. Jeder Winkel ist perfekt genutzt worden und neben den eingesetzten Materialien trägt vor allem die stimmungsvolle Lichtplanung sehr zur Atmosphäre dieses innen liegenden Raums bei. Über so viel weltmännisches Flair wie dieses Gästebad mit seperater Gästetoilette verfügt kaum ein Hotel in der Region Nürnberg. Ein Traum für stilverwöhnte Urbanisten.

➡ Hier spiegeln sich reizvolle Kontraste zwischen der Rückwand in Hochglanz Schwarz und dem weißen Porzellan des Waschtischs.

⬇ Reduzierte Eleganz in der Gästetoilette. Die Sanitärobjekte im perfekten Dreiklang zwischen dunklem Holz, weißer Keramik und großzügiger Spiegelfläche.

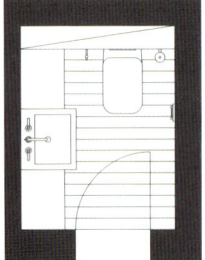

Grundriss M 1:75

Waschtisch: Antonio Lupi
Toiletten: Antonio Lupi
Armaturen und Accessoires: Dornbacht, Tara Classic

Geschmackvoll reduziert

Bei einem Badumbau bieten sich ganz neue Gestaltungsmöglichkeiten, und so wurden hier das Gäste-WC und das ehemalige Bad zu einem Wohnbad zusammengelegt. Eine pflegeleichte Ausstattung unter Berücksichtigung technischer Anforderungen war bei dieser Badmodernisierung gefragt, und neben einer reduzierten Formsprache zählten auch eine große, barrierefreie Dusche und eine frei stehende Badewanne zu den Kundenwünschen.

Elemente wie Dusche und Badewanne wurden nicht rein zweckmäßig angebracht, sondern gestalten den Raum. Der asymmetrische Grundriss konnte zudem genutzt werden, um einen großen Duschbereich zu schaffen – bodenbündig, mit Kopfbrause und einem am Rand positionierten Ablauf. Die außergewöhnliche Lage des Bodenablaufs außerhalb der Symmetrie rührt daher, dass vermieden werden sollte, aufwendig Leitungen durch die Decke führen

➡ „Wie aus einem Guss" wurde das Badezimmer in einem klaren und warmen Stil gestaltet.
⬇ Klar und zugleich sinnlich der Waschtisch.

INFORMATIONEN
Umbau/Renovierung im Bestand | Fertigstellung: 2007 | Grundfläche: 8 m^2 | Baukosten: 62.000 Euro

← Perfektion bis in die letzte Ecke: Die gerade Pendeltüre sorgt für einen bequemen Ein- und Ausstieg im asymmetrischen Duschbereich.

↓ Sanftes Tageslicht, ein maßgefertigter Waschtisch und der großzügige Spiegel komplettieren den idealen Waschplatz.

zu müssen. Ebenso markant und durchdacht sind die Ablagenische und -flächen gestaltet, die ausreichend Platz für Badutensilien und persönliche Accessoires bieten. Die Kombination der hier verwendeten aufwendigen Spachteltechnik mit der effektvollen Wandgestaltung in warmem Ocker und dem terrakottafarbenen, fugenlos und absolut wasserfesten Spezialbelag auf dem Fußboden schafft ein klassisches, elegantes Ambiente. Und während die Beleuchtung des eckigen Waschtischs hell und funktional ist, tauchen die Deckenstrahler das Bad auf Wunsch per Dimmer in ein stimmungsvolles Licht. Einen besonderen optischen Akzent setzt die in Licht getauchte Ablagenische. Ordnung und Asymmetrie verschmelzen in diesem Badezimmer zu einem individuellen Raumgefühl.

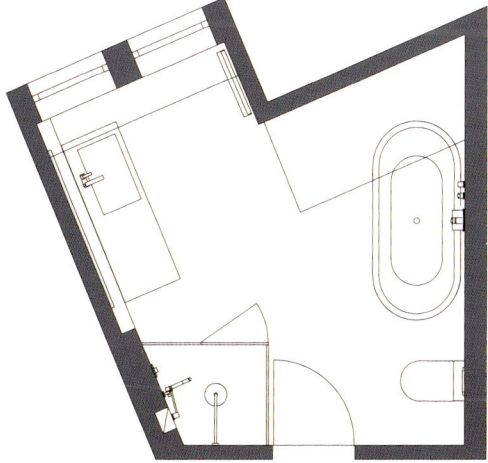

Grundriss M 1:75

Toilette: Duravit, Starck 2
Möbelprogramm: Antonio Lupi
Armaturen: Dornbracht, MEM

Silent Glam

Eine altmodische und schmucklose Anmutung herrschte bislang im Badezimmer dieser alten Villa, der quadratische Raum wirkte ungemütlich und wenig einladend. Die Planer sahen eine neue Raumaufteilung vor und erarbeiteten zwei Ansätze: Der bestehende Raum mit Blick in den Garten sollte in seiner Form erhalten bleiben. Darüber hinaus wurden neue Ideen entwickelt – wie die mit der fünften Wand. An dieser halbhohen Trockenbauwand, die durch eine Glasscheibe bis zur Decke verlängert wird, fand die sanft geschwungene Badewanne ihren Platz und rückt damit ins Zentrum des Raumes. Hinter der Trennwand wurden zwei separate Bereiche geschaffen – diskret für die Toilette und großzügig für die Dusche. Für den Duschbereich konnte unauffällig ein Podest eingezogen werden, das einen doppelten Zweck erfüllt: Es betont die Unterteilung des Raumes und verbirgt alle nötigen Leitungen und Rohre. Passend zur

INFORMATIONEN
Umbau einer Villa | Fertigstellung: 2008 | Grundfläche: 16,5 m²

◄ Das Schönste an dem Bad ist die moderne Umsetzung von Romantik, ohne nostalgisch zu wirken.

◣ Im Spiegel behält man den Überblick über das Badezimmer.

← Auch im Duschbereich kommt heitere Stimmung auf. Etwa beim Genuss der Regendusche.

→ Abgetrennt und dennoch integriert: der WC-Bereich.

Innenarchitektur wurde eine Regendusche aus weißem Corian installiert. Besonders gelungen ist auch die Verwendung alter Stücke mit Patina und viel Charme wie der Stuckrosette und dem alten Kronleuchter. Decken- und Bodenstrahler, in die Wand eingelassene Lichtquellen und hinterleuchtete Nischen schaffen zusammen mit dem Kronleuchter eine gelungene Lichtstimmung. Für einen warmen Naturanteil sorgt der dunkle Holzboden, aus demselben Material sind auch der Waschtisch und die Schränke auf Maß gefertigt worden.

In diesem Badezimmer kommt kein expressiver Luxus zum Tragen, sondern edler und unaufdringlicher Glamour, der Details zurückhaltend, aber als wirkungsvolle Akzente einsetzt. Es hat ein selbstbewusster Umbau stattgefunden, der sich mit verblüffender Leichtigkeit der historischen Bausubstanz annimmt. Mit großer Lust am Planen und einer Begeisterung für ausgewählte Materialien haben die Planer den Bauherren ein Badezimmer auf den Leib geschneidert.

Waschbecken: Falper
Waschtisch und Möbel: Maßanfertigung
Badewanne: Falper
Wand-WC: Villeroy & Boch
Armaturen: Dornbracht
Regenbrause: Dornbracht, Sangha
Heizkörper: Tubes
Beleuchtung: Kreon
Spiegel: Minetti
Duschabtrennung: Maßanfertigung
Bodenbelag: Vollholzdielen/Feinsteinzeug
Casa dolce Casa
Wandbelag: Casa dolce Casa

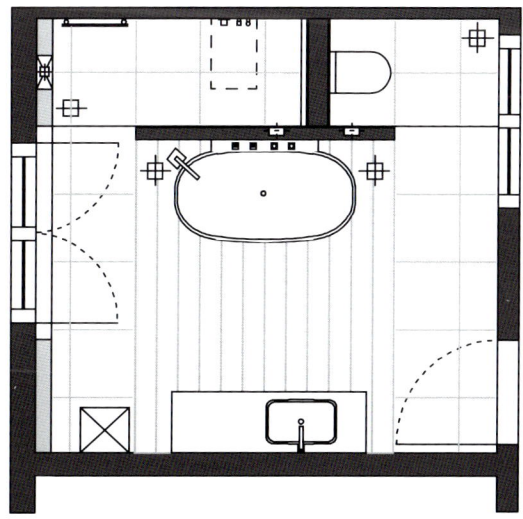

Grundriss M 1:75

Liebe zum Detail

Arbeiten, ausgehen, shoppen, Sport – ein Leben in der Stadt ist schnell, pulsierend und abwechslungsreich. Doch wer viel arbeitet und unterwegs ist, benötigt auch seine Ruhezonen. Und so wünschte sich der Bauherr ein weltmännisches, großzügiges Badeloft. Eher asiatisch reduziert sollte es sein, dabei aber auch modernes Design und Know-how beinhalten, neueste Technik integrieren und zum Ausspannen einladen. Um Vielfalt und hohe Gestaltungsfreiheit zu verbinden, wurde an Ideen und Einfällen nicht gespart – die Planer ließen bei der Neugestaltung ihrer Kreativität freien Lauf. So standen eine besonders hochwertige Ästhetik und höchster Nutzungskomfort

im Fokus ihrer Badplanung. Es galt, eine offen und großzügig wirkende Raumplanung zu verwirklichen, bei der jeder Bereich des Bads maximalen Bewegungsraum bietet und auf Dauer spannend bleibt. Das Element Wasser – Quelle des Lebens, der Kraft und Energie – sollte im Mittelpunkt stehen, weshalb ein überaus geräumiger Duschbereich mit integriertem Dampfbad inmitten des Raums umgesetzt wurde. Der Duschbereich ist als „Walk-In-Lösung" geplant, die die Offenheit der Raumgestaltung unterstreicht. Mit den designbetonten und atmosphärischen Details wie zwei Liegeflächen mit zum Teil darüber angebrachten Brauseköpfen, variablen

↑ Schalke oder Bayern München – alles ist möglich.

→ Reduziert und dennoch sinnlich ist die Duschlösung mit beinahe kunstvoller Anordnung der Amaturen.

↓ Hier kann man entspannt den Tag ausklingen lassen.

INFORMATIONEN
Neubau einer Villa | Fertigstellung: 2007 | Grundfläche: 45 m^2

Kopfpolstern und einer Regendusche lässt es sich herrlich entspannen. Ein Blickfang ist die dem Duschbereich gegenüberliegende Ruhezone mit Blick in den Garten und Stauraum im Sockel. Alle weiteren Stauflächen sind, wie vom Bauherrn gewünscht, in eingebauten Schränken untergebracht sowie alle Ablagen für Accessoires und Kosmetikartikel als Mulden oder Nischen ausgebildet. Ein interessantes Detail ist die Medienwand mit zwei eingelassenen Plasmabildschirmen samt EDV-Anbindung. Ein Drehen der Wand ermöglicht es, von jeder Position im Raum auf die Bildschirme zu schauen – selbst von der Dusche aus. Abgerundet wird die markante Badmöblierung durch Oberflächen und Beläge aus Feinsteinzeug und HPL-beschichteten Werkstoffplatten, die – zurückhaltend in der Formensprache – die Anmutung von Naturstein und Massivholz verströmen und pflegeleicht sind. Die Summe all dieser Details sorgt für lang anhaltende Zufriedenheit.

Waschbecken: Duravit
Liegen und Möbel: Maßanfertigung
TV-Möbel, drehbar: Maßanfertigung
Badewanne/Pool: Villeroy & Boch
Wand-WC: Duravit
Urinal: Keramag
Armaturen: Dornbracht
Regenbrause: Dornbracht, Rainsky M
Dampfsauna: Hoesch
Heizkörper: Zehnder
Beleuchtung: Kreon
Spiegel: agape
Duschabtrennung: Maßanfertigung
Bodenbelag: Ceramiche Refin, 60 x 60 cm, in der Dusche 10 x 60 cm
Wandbelag: Ceramiche Refin, 60 x 60 cm

⬆ Mittelpunkt des Bades bildet die schräg eingestellte Wanne.
⬉ Eine neue Regenzeit hat begonnen.
⬅ Griffbereit und zudem bildschön verstaut.

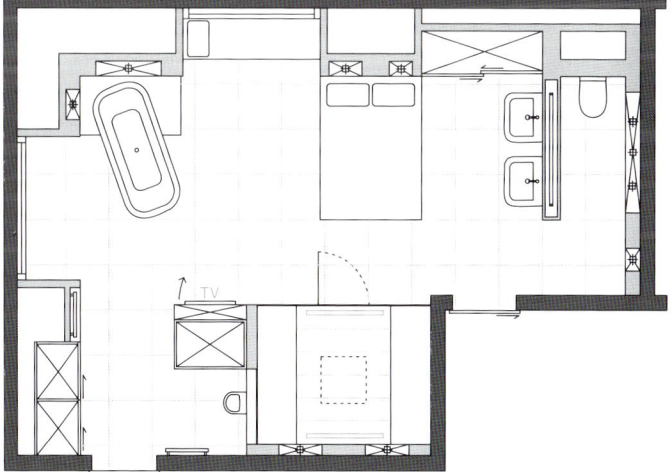

Grundriss M 1:100

Archaik meets Hightech

Mit ihren Objekten möchten sie Orientierung im Spannungsfeld zwischen seit Menschengedenken verinnerlichten Bildern und der Magie hochtechnologischer Umgebungen schaffen. Bei dem 1995 gegründeten österreichischen Designertrio EOOS steht nicht nur der Firmenname – Eoos: das Ross vor Zeus' Sonnenwagen – unter mythologischen Vorzeichen. Die Designer Martin Bergmann, Gernot Bohmann und Harald Gründl entwerfen Flagshipstores in aller Welt und könnten inzwischen ganze Gebäude mit ihren Designprodukten und Möbeln einrichten. Auf ihrer Kundenliste stehen beispielsweise Adidas, Alessi, Giorgio Armani, Bulthaup, Bene, Dedon, MatteoGrassi, Walter Knoll, Zumtobel und eben der Badausstatter Duravit. Hierfür entwickeln sie neue Herangehensweisen, versuchen das Potenzial eines Raums mithilfe von Möbeln auszunutzen. Und, sie sind interessiert an Designprozessen, Ritualforschung und an Überraschungsmomenten. Selbst auf den ersten Blick banale Faktoren werden von ihnen immer wieder hinterfragt, um Platz zu machen für völlig neue Sichtweisen.

Bei EOOS wird gern das Spannungsfeld zwischen Archaischem und Technologischem zitiert. Wie dürfen wir das verstehen?

EOOS ist interessiert an der Entwicklung innovativer Objekte, die trotzdem direkt an die Grundbedürfnisse des Menschen adressiert sind. Wenn wir ein neues Projekt starten, begeben wir uns in einem ersten Schritt oftmals auf die Suche nach intuitiven Bildern, Ritualen und Geschichten, die sich hinter dem jeweiligen Designproblem

verbergen. Die Methode, die wir hierfür entwickelt haben, nennen wir Poetische Analyse. Die Vermittlung zwischen Archaik und modernster Technologie betrachten wir unter anderem als Aufgabe eines Designbüros. Wir finden in diesem Spannungsfeld immer wieder fruchtbare Ausgangspunkte für unsere Arbeiten.

Was hat sich denn bei der Design-Konzeption von EOOS, sagen wir in den letzten zehn Jahren verändert?

Mitte und Ende der Neunzigerjahre standen bei unseren Arbeiten Objekte im Mittelpunkt, die eine Transformation von einem Zustand in einen anderen Zustand zuließen. Heute bemühen wir uns eher darum, tolerante Objekte zu erschaffen. Damit meinen wir Objekte, mit denen der Nutzer eine offene, spielerische Beziehung eingehen kann. Das Produkt soll dem Konsumenten keine strikten Vorschriften darüber erteilen, wie die „richtige" Nutzungsweise auszusehen hat, sondern Freiräume lassen. Zum Beispiel

„Sundeck", eine Badewanne mit aufklappbarer Abdeckung, die wir für Duravit entwickelt haben. Da haben die Nutzer plötzlich begonnen, die Wanne auf die Terrasse zu stellen oder unter der Abdeckung schmutzige Wäsche zu verstauen. Somit haben sich Funktionen herauskristallisiert, an die wir während des Designprozesses gar nicht gedacht haben. So etwas mögen wir.

Inzwischen können Bäder in ihrer Wirkung vollkommen verändert werden. Lässt sich Architektur durch die Wirkung von Design beeinflussen?
Der Designansatz von EOOS stellt das Möbel in den Mittelpunkt. Möbel betrachten wir als Werkzeuge, die den Raum definieren. Im besten Fall lassen sie unterschiedliche Raumwirkungen und Wahrnehmungen zu, wie beispielsweise das Sofaprogramm Living Landscape, das wir für Walter Knoll entwickelt haben. Durch drehbare Eckelemente kann die Blickrichtung des Sofas immer wieder neu definiert werden, wodurch flexibel auf verschiedenste Raumanforderungen reagiert werden kann.

Zuerst kam das Raumkonzept und dann die Idee. Mit der Geschichte um einen glühend heißen Stein haben Sie erstmals ein ganzheitliches Sauna-Konzept entwickelt. Was steckt hinter dieser Geschichte?
Unser Sauna-Konzept basiert auf mehreren Aspekten: da gibt es die rituelle Ebene, die wir durch den Inipi-Stein in ein zeitgemäßes Bedienelement übersetzt haben. Weiters war es uns enorm wichtig, die Sauna raus aus dem Keller und rein in den Wohn-/Reinigungs-/Entspannungsort zu holen. Dann haben wir noch den Ofen aus dem Innenraum der Sauna verbannt, was für uns einen geradezu poetischen Akt darstellt. Und darüber hinaus haben wir uns zum Ziel gesetzt, das Ganze auf einer möglichst kompakten Grundfläche zu realisieren. Inipi nimmt heute kaum mehr Grundfläche als eine Badewanne ein – und trotzdem können sich bis zu vier Menschen darin aufhalten.

Sie sprechen davon, den „Raum frei zu machen". Ist oftmals weniger mehr?
Bei Inipi haben wir versucht, die typologisch abgeschlossene Bauform Sauna auf zwei Seiten zu „befreien" – einerseits durch den ungehinderten Ausblick aufgrund der frontalen Glasfläche, andererseits durch die leuchtende LED-Rückwand, die das Raumgefühl ebenfalls erweitert. Außerdem ist Inipi wie ein Möbel flexibel platzierbar und kann sowohl in einer Ecke als auch frei im Raum stehen.

Sie beziehen sich öfters auf Bilder und Geschichten, die tief in unserem Unterbewusstsein verankert sind und die EOOS mittels Poetischer Analyse untersucht. Begaben Sie sich bei Ihrer Sauna-Idee auch auf kulturhistorische Spurensuche?
Ja. Wie der Name schon sagt, wurde die Idee vom traditionellen Inipi-Ritual der nordamerikanischen Lakota-Indianer inspiriert, bei dem Steine zuerst im Feuer erhitzt und dann zeremoniell in das Innere einer Schwitzhütte getragen werden. Dieses Reinigungsritual ist natürlich tief mit dem Lakota-Kulturkreis und dessen symbolischen Bedeutungszuschreibungen verbunden – es basiert auf einem religiösen und mythischen Fundament. Für den Entwurf unserer Sauna haben wir das starke intuitive Bild des glühenden Steins übernommen und daraus eine komplexe Fernbedienung gemacht, mit der sich Temperatur, Luftfeuchtigkeit und Sound steuern lassen. Wir haben die Sauna radikal von der Schwere ihres kulturellen Backgrounds befreit und sie in einen aktuellen technologischen Kontext übersetzt.

In diesem Buch dreht sich viel um Licht, Atmosphäre und Design im Bad. Gibt es dazu etwas, was Sie bei der heutigen Badplanung vermissen oder gar gern ändern würden?
Unser Aufruf lautet: Jeder sollte sein Bad so planen und einrichten, wie es seinen ganz persönlichen Bedürfnissen entspricht. Man sollte sich da viel weniger von der Werbung einreden lassen und stattdessen darüber nachdenken, welche Funktionen man wirklich benötigt. Le Corbusier hat den Ort der Reinigung beispielsweise in den Eingangsbereich seines Hauses ausgeweitet, indem er dort ein Waschbecken platziert hat – einfach weil er das Gefühl hatte, dass es genau dort Sinn macht.

Angesichts der zwar verspielten, aber auch sehr puristisch schlichten Haltung von EOOS würde uns interessieren, wie Sie das Bad in der Zukunft sehen.
Ein Bad der Zukunft ist ein Generationenbad, in dem sich alle wohlfühlen – vom Baby bis zur Urgroßmutter. Darüber hinaus liefert künftig sicher auch die Verdichtung der Städte eine spannende Denkaufgabe für Designer. Wie wir inmitten von Wolkenkratzern und Megacitys Freiräume zur Entspannung und Reinigung schaffen können und wie eine zeitgemäße Artikulation eines Bads in solch einer Umgebung aussehen kann, sind wichtige Punkte, die es zu überlegen gilt.

Wachgeküsst

Dieses Badezimmer, inzwischen mit ausgezeichneter Raumaufteilung und interessanten Details umgebaut, lag viele Jahre ungenutzt und ohne jegliche Ausstattung im Dornröschenschlaf. Den Bauherren fehlten Ideen und Muße zur Umsetzung, doch nun war die Zeit gekommen, den Raum in Angriff zu nehmen. Gegenüber den Planern äußerten die Bauherren exakte Wünsche wie Pflegeleichtigkeit, wenig Fliesenmaterial, ein ansprechendes Design und die Einhaltung des eingeplanten Budgets.

Einbauten und Nischen kompensieren die Dachschräge geschickt. Um die gewünschte Großzügigkeit zu unterstreichen, wurden die anthrazitfarbenen Feinsteinfliesen bewusst reduziert und in unterschiedlichen Formaten verlegt. Sie bilden einen schönen Kontrast zu dem für die verbleiben-

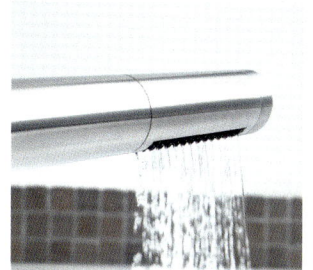

INFORMATIONEN
Umbau/Renovierung im Bestand | Fertigstellung: 2008 | Grundfläche: 16 m^2
Baukosten: ca. 25.000 Euro

← Blickfang: Waschtisch mit Tageslicht.
↓ Die Eckwanne ist wie geschaffen
für das Badevergnügen.

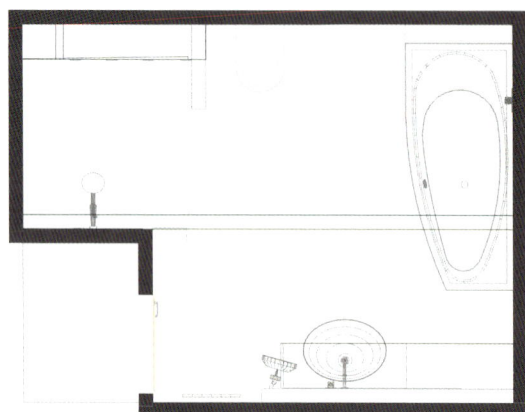

Grundriss M 1:75

➡ Die Nische als Dusch-Grotte.
⬇ Das nach dem Fiat Panda benannte Aufsatzbecken
  ist an seiner charakteristischen Ellipsenform sowie
  der weichen Rundung am oberen Beckenrand
  zu identifizieren.

den Wände gewählten schlichten Putz. Ein maßgefertigter Natur-stein-Waschplatz, italienische Möbel, ausgewählte Accessoires und Armaturen in „platin matt" runden das stimmige Gesamtbild aus natürlichen Materialien und Farben ab. Tageslicht fällt durch ein satiniertes Fenster auf den Waschtisch, weitere Lichtquellen im Ab-lagefach über der Wanne, in der Dusche und am Waschplatz sorgen für eine stimmungsvolle Raumbeleuchtung. Die Dusche befindet sich, abgetrennt vom Hauptraum, in einer kleinen Nische und wirkt durch die Dachschräge und die Feinsteinfliesen sehr einladend. Sämtliche Details schaffen in ihrer Summe einen Raum mit sach-lich-elegantem Charme.

Waschtisch TOP: maßgefertigter Naturstein
Badewanne: Duscholux, Piccolo Sky
Waschbecken: Antonio Lupi, Ovo
Toilette: Duravit, Starck 3
Spiegel: Minetti
Fliesen: Ceramac, Feinsteinfliesen
Möbelprogramm: Antonio Lupi, Materia Echtholz
Armaturen: Dornbracht, Meta.02
Spiegel: Minetti
Hocker: e15
Garnitur: Decor Walther
Sonstiges: Fußbodenheizung

Duschbad für zwei

Ein modernes Bad sollte, auch wenn es bis ins letzte Detail durchgestaltet ist, ein wohnlicher Ort sein. Das gilt insbesondere für Badezimmer in Neubauten, wird aber auch als Maßstab bei Badrenovierungen herangezogen. So war auch bei dieser Renovierung auf begrenztem Raum pragmatisch abzuwägen: Badewanne oder Dusche? Von den Bauherren wurde Wert auf einen individuellen Stil samt finessenreichen Funktionen gelegt. Nach eingehenden Entwürfen und Zeichnungen durch die Planer entschieden sie sich statt einer Badewanne für einen großzügigen Duschbereich, der auch von zwei Personen gleichzeitig genutzt werden kann. Ohne gegenseitige Behinderung kann sich nun eine Person unter der großen Kopfbrause entspannen, die andere mit der normalen Handbrause duschen – sogar eine beheizte Sitzbank ist vorhanden.

➡ Die Möbel des Designers Antonio Lupi bieten eine kompakte Lösung von bestechender Schönheit.

↘ So groß kann Klein sein: der durchgängige Duschbereich am Ende des Bads.

INFORMATIONEN
Umbau/Renovierung im Bestand | Fertigstellung: 2008 | Grundfläche: 7,5 m²
Baukosten: ca. 42.000 Euro

Da das Badezimmer von den Erwachsenen und deren beiden jugendlichen Kindern genutzt wird, sollte es nicht nur modern, sondern auch praktisch und pflegeleicht ausgestattet sein. So sind die Wände im Duschbereich mit Tadelakt verputzt, einem mineralischen Glanzputz für wasserfeste Oberflächen nach traditioneller marokkanischer Art. Das sieht nicht nur gut aus, sondern lässt sich auch problemlos reinigen. Ein großes Aufsatzwaschbecken sowie Spiegel mit indirekter Beleuchtung samt aufgesetztem Vergrößerungsspiegel schaffen eine großzügige räumliche Wirkung. Die Farbigkeit und Materialität ist zurückhaltend eingesetzt. Trockenbau, Natursteinplatten aus „Limestone" sowie weiße Sanitärobjekte vervollständigen das minimalistische Einrichtungskonzept.

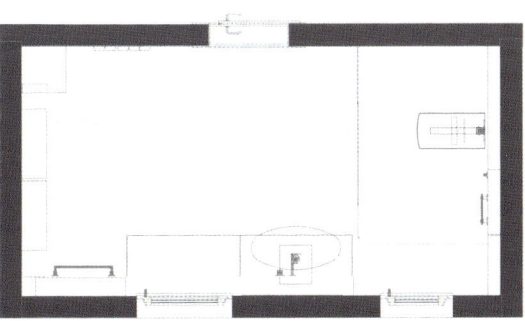

Grundriss M 1:75

Waschtisch: Antonio Lupi
Waschtisch TOP: Glas
Waschbecken: Antonio Lupi
Toilette: Duravit, 2nd floor
Möbelprogramm: Antonio Lupi, Materia Lack matt
Armaturen: Vola + Hans Grohe (Dusche)
Sonstiges: Badheizkörper VASCO, Duschabtrennung Sonderanfertigung der Firma HEILER Glas aus Weißglas mit reduziertem Grünstich, Fußbodenheizung

Licht und luftig

Aus einem Dachboden lässt sich vieles machen. Das dachten sich auch die Bauherren, als sie die Badplaner kontaktierten. Diese setzten in ihrem Konzept – anders, als man es unter einem Dach erwartet hätte – ganz auf Großzügigkeit und Komfort. Um den Raum heller und geräumiger wirken zu lassen, wurden zunächst mehrere großflächige Dachflächenfenster eingebaut. Somit wird die gegenüberliegende Wandfläche mit Tageslicht regelrecht überflutet, selbst an trüben Tagen wirkt das Badezimmer licht und luftig. Ungewöhnlich, aber auch im Duschbereich wurde ein Dachfenster eingesetzt. Darunter befindet sich eine kombinierte Maßanfertigung, die von außen als beleuchtete Vitrine für Badaccessoires und innerhalb des Duschbereichs als Ablage und Sitzbank fungiert. Dies zusammen verschafft dem Duschbereich zusätzliche Größe, und man duscht förmlich unter freiem Himmel. Das WC ist ebenso unter einem Fenster installiert und dadurch bequem nutzbar. Der komplette Waschplatz nimmt die gesamte gerade Wandfläche ein, mit ausreichend Platz, um aufrecht in den Spiegel schauen zu können. Der Spiegel wurde über die gesamte Fläche geplant und lässt den Raum dadurch größer erscheinen. Zudem reflektiert er das einfallende Tages-

➡ Die hier vorhandene Dachschräge bietet Raum für besonderes Duschvergnügen.

⬇ Auf Maß gefertigt: Badmöbel und Waschbecken passen wie angegossen.

INFORMATIONEN
Umbau/Renovierung im Bestand | Fertigstellung: 2008 | Grundfläche: 19 m²
Baukosten: ca. 33.000 Euro

licht und die Wetterstimmungen – vom Sonnenaufgang bis hin zu dramatischen Gewitterwolken. An der Stirnseite des Bads wurde ein Podest geschaffen, in dem eine Eckbadewanne eingebaut und Platz für Unterschränke gefunden wurde. Das Podest wurde mit den gleichen Bodenfliesen ausgestattet, um den Raum optisch zu verlängern. Unter der Dachschräge findet die Badewanne nun einen behaglichen, besonders intimen Platz mit viel Ablagefläche. Von hier aus kann man, im warmen Wasser liegend, den Wolken am Himmel nachträumen. Die Grundbeleuchtung am Waschtisch kann durch eingelassene Deckenstrahler ergänzt werden. Für stimmungsvolles Licht sorgen zusätzliche Wandleuchten im Duschbereich. Eine teils offene wie geschlossene Badmöbel-Kollektion schafft viel Platz durch großzügige Ablagen, Schubfächer und Schrankelemente. Flächig verlegter, schieferfarbener Naturstein bietet einen luxuriösen Kontrast zu den glatten, weiß beschichteten Wänden und den Holzmöbeln. Eine Fußbodenheizung in Kombination mit einem Handtuchwärmer komplettiert das Traumbad unter dem Dach und sorgt für angenehmes Raumklima.

➡ Trotz geringem Raum kommt es mit einer platzsparenden Eckbadewanne zu einer großzügigen Lösung.
↘ Die voll öffnende Türe erlaubt einen großzügigen Einstieg in die Dusche.

Waschbecken: Duravit, 2nd floor
Badewanne: Bette
Toilette: Villeroy & Boch, Subway
Möbel: Maßanfertigung Objekteinrichter
Armaturen: Dornbracht, LULU

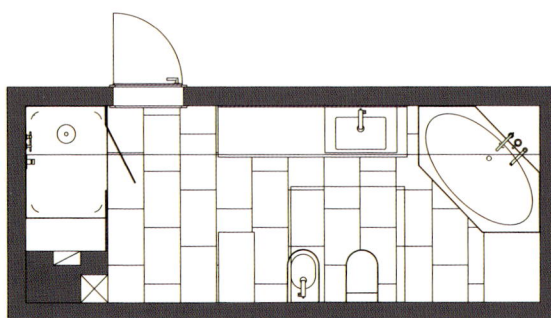

Grundriss M 1:75

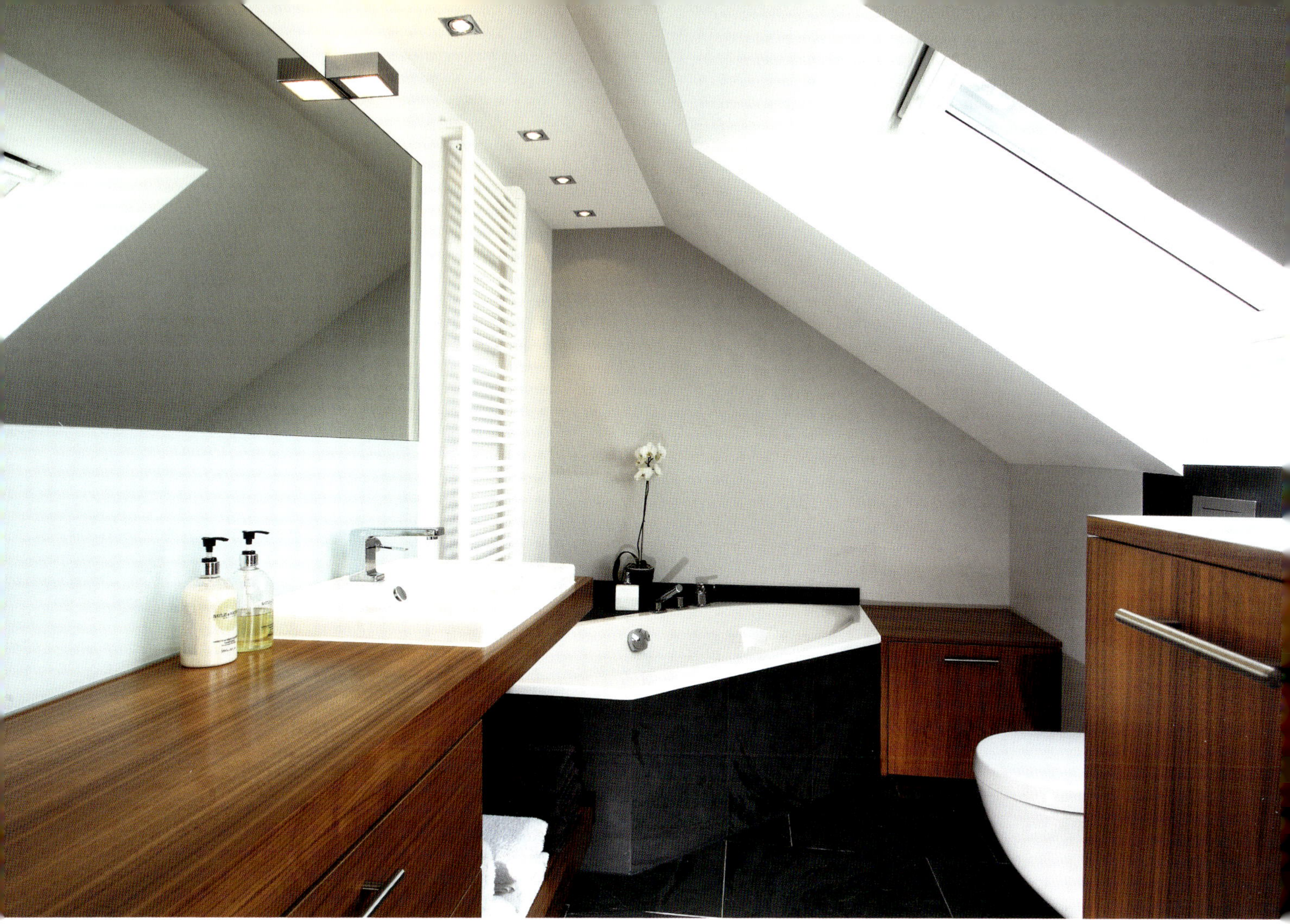

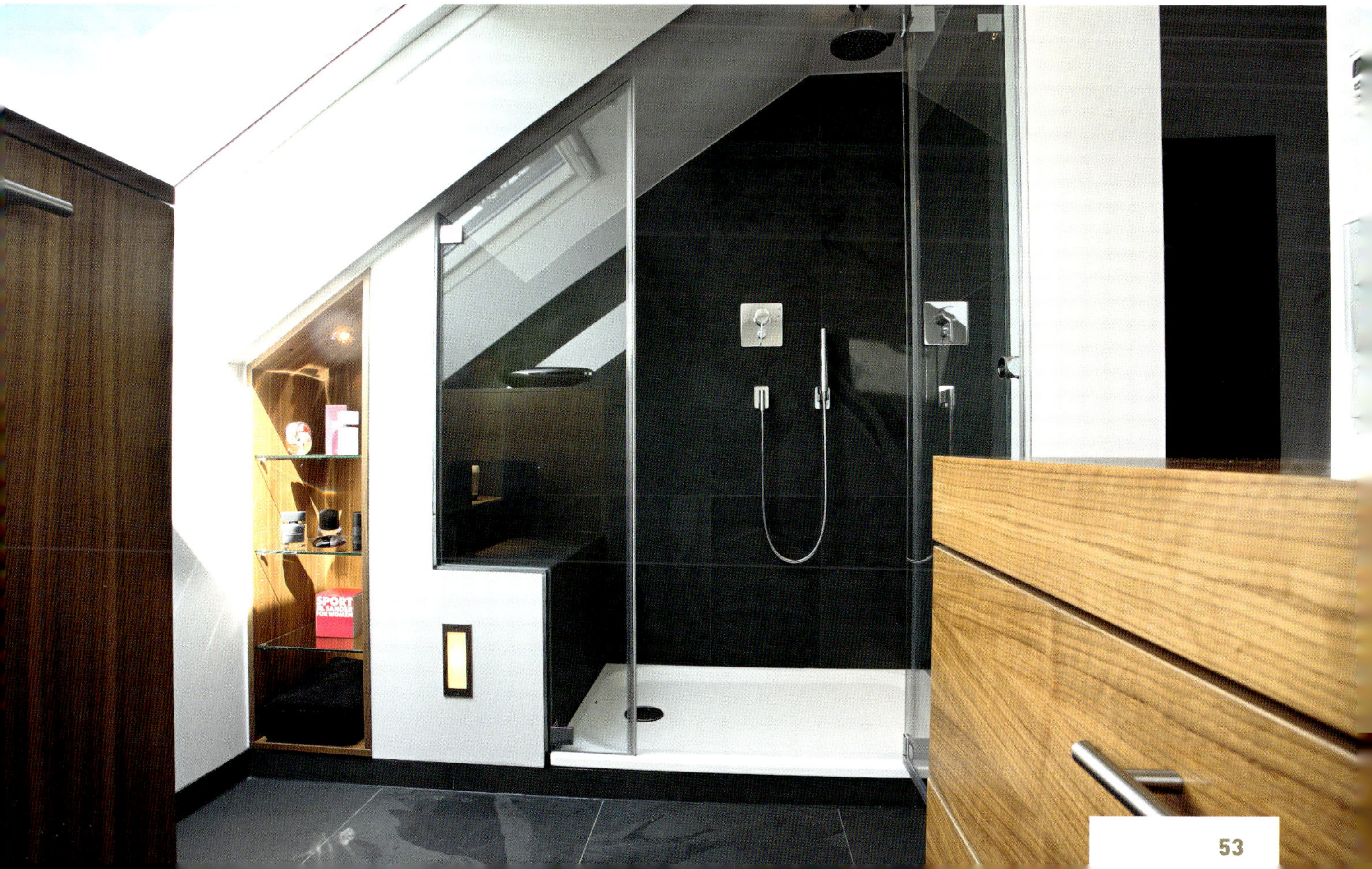

Buddha im Bad

Ein erster Besuch bei den zukünftigen Bauherren machte schnell klar, welches Bad sie sich wünschten. Das sah einerseits einfach aus und war dennoch kompliziert.

Die Planer erkannten rasch den Geschmack und den Stil der Bewohner. Die große Wohnung in einem renovierten Gründerzeithaus strahlte meditative Ruhe aus, die Möblierung war sparsam und bewusst ausgewählt. Originale Designerstücke, Mitbringsel von den zahlreichen Reisen, Feng-Shui-Elemente und buddhistische Statuen waren über Jahre zusammengetragen worden und geschmackvoll in allen Räumen inszeniert. Dazu die bekennende Leidenschaft des Bauherrn, ausgiebig zu baden

und den Monsunregen zu genießen. Eher kompliziert gestaltete sich die Umsetzung der Wünsche in dem dafür vorgesehenen, achteinhalb Quadratmeter kleinen, Badezimmer.

Nach intensiven Vorgesprächen waren die Planungen jedoch schnell abgeschlossen und die Bauherren staunten, was sich aus so einem kleinen Badezimmer alles machen lässt. Ihre Vorstellungen konnten alle berücksichtigt und sogar übertroffen werden. Entspannung pur bietet nun der Bade- und Duschbereich, wo man nicht nur ausgiebig in der eingelassen Badewanne baden und relaxen, sondern unter einer großen Regendusche auch Wasser wie „vom Himmel

⬆ Waschbecken und Waschtisch sind aus zweierlei Marmor auf Maß gefertigt.

➡ Reiner Regen rieselt oder schauert aus der Regendusche auf den Badenden herab.

INFORMATIONEN

Renovierung | Fertigstellung: 2008 | Grundfläche: 8,5 m² | Baukosten: ca. 56.000 Euro

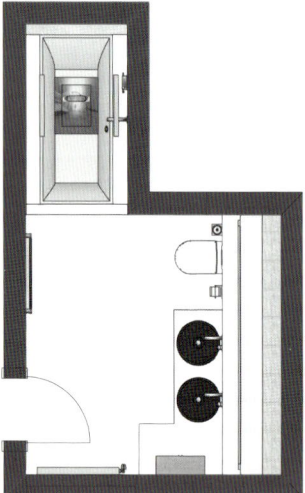

Grundriss M 1:100

fallend" genießen kann. Am Ende der Renovierung war bis auf Badewanne, Toilette und Armaturen alles für das Badezimmer entworfen und maßgenau angefertigt: ein Waschtisch mit zwei Waschplätzen, die Beleuchtung, Stauraum und alle Nischenlösungen. Auch der von den Reisen mitgebrachte Buddha fand einen adäquaten Platz und wacht aus seiner Nische heraus über die Atmosphäre im neuen Badezimmer, dessen schlichte und einheitliche Farbwahl und Ausstattung eine optische Großzügigkeit erhält. Und so sind alle Beteiligten stolz darauf, etwas ganz Besonderes geschaffen zu haben.

Badewanne: Villeroy & Boch, Squaro
WC: Ceramica Flaminia, Link
Armaturen: Dornbracht, MEM und BigRain
Waschplatz: Anfertigung Marmor Pibamarmi
Fliesen: Pibamarmi
Möbel: Antonio Lupi

DUSCHBAD AUF KLEINEM RAUM

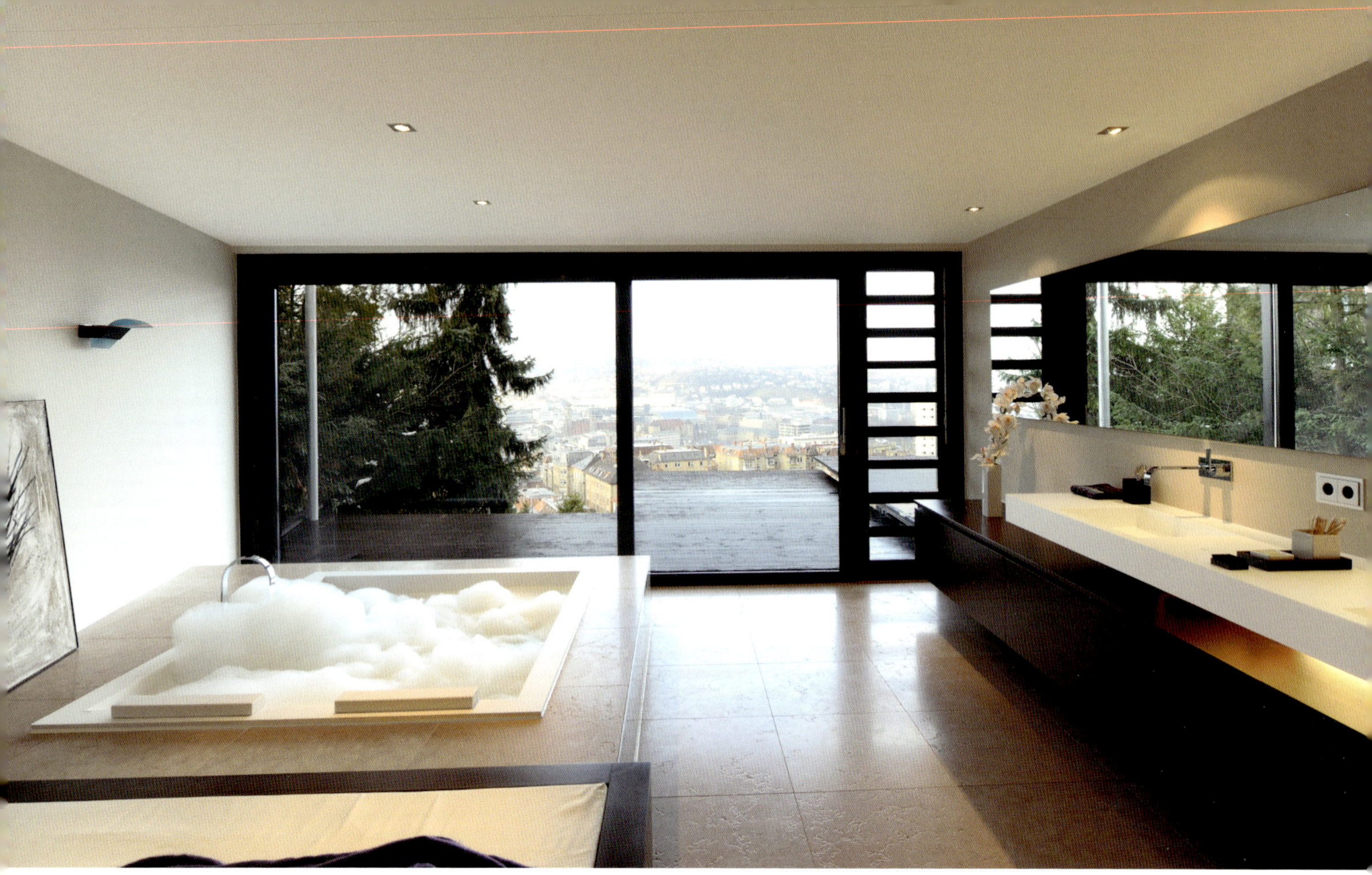

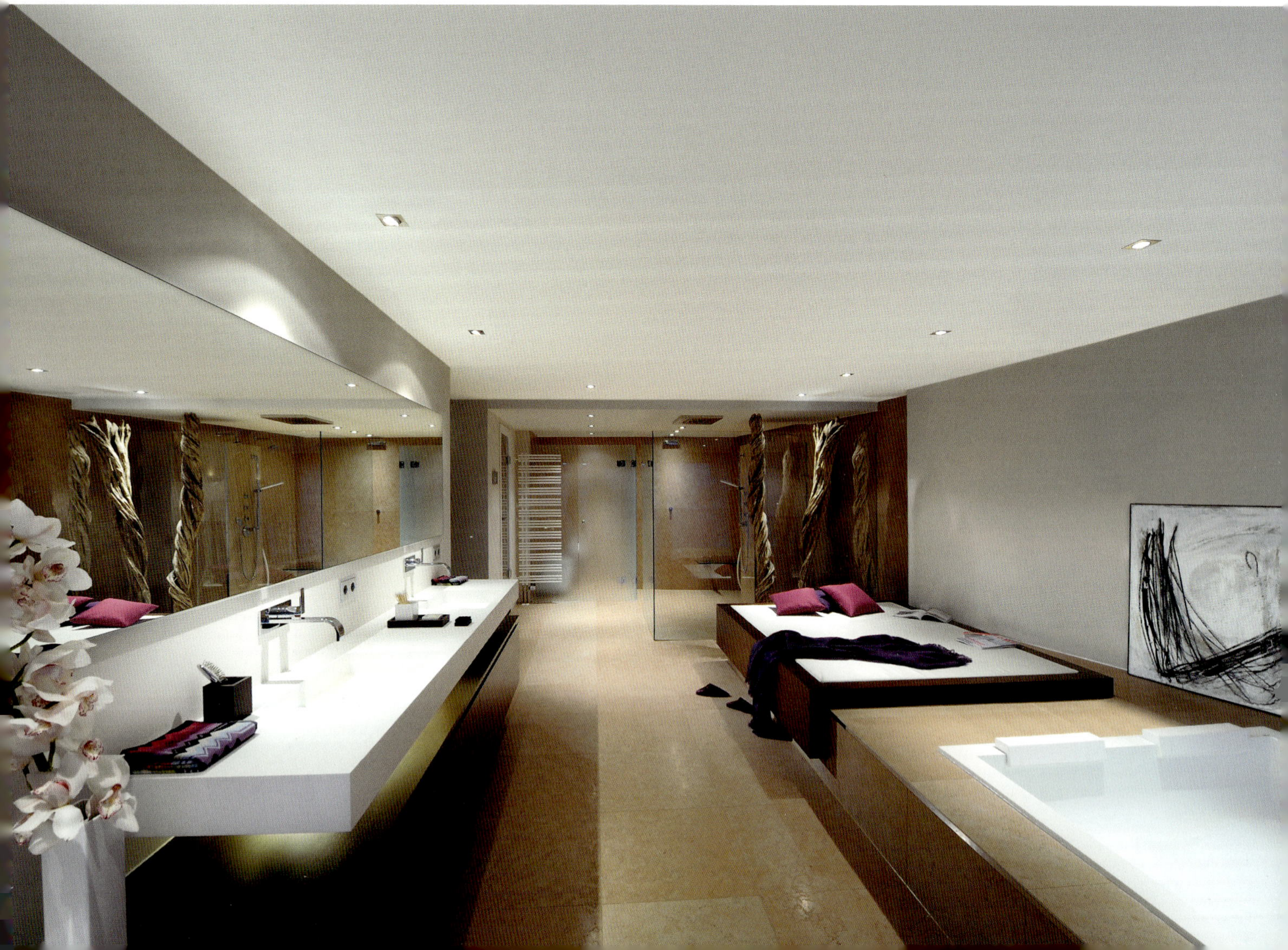

Refugium mit Ausblick

Das Badezimmer dieses Objekts ist komplett offen und bietet einen freien Blick über die Stadt Stuttgart hinweg. Durch die herausragende Hanglage können aber weder das Badezimmer noch die großzügige Terrasse, die über eine Glas-Schiebetüre zu betreten ist, eingesehen werden. Man spürt: Das Ganze entspricht einer großen planerischen Geste, und das ist nicht verwunderlich, denn der Bauherr hat nicht nur beruflich, sondern auch privat ein Faible für ausgeklügelte Inszenierungen. Hochwertige Materialien, streng geometrische Formen, Kunst, Designerleuchten und effektvolle Gestaltungselemente lassen die von ihm geäußerten Wünsche Wirklichkeit werden und finden sich in den Bereichen Baden, Duschen, Saunieren und Relaxen wieder. Ein Refugium zur Entspannung, als Kontrast zum hektischen Alltag, ist entstanden.

Die Planer teilten den Raum in zwei zusammenhängende, aber eigenständige Bereiche. Im vorderen Teil – mit Blick über den Balkon auf die Dächer der Stadt – befinden sich Waschtisch und Badewanne. Die ausladende Doppel-Waschtischanlage hat eine Länge von vier Metern und ist aus reinweißem Kunststein gefertigt. Dem Waschtisch angepasst hängt über der Anlage ein einteiliger, ebenso vier Meter breiter Spiegel. Direkt gegenüber befindet sich

INFORMATIONEN
Umbau/Renovierung im Bestand | Fertigstellung: 2008 | Grundfläche: 45 m²
Baukosten: 110.000 Euro

◤ Täglich faszinierend: Die freie und unbegrenzte Sicht ist unbezahlbar.

◄ Ein schönes Badezimmer ist nicht nur eine Frage der Größe, sondern auch der Planung.

▼ Selbst die Sauna besticht durch Großzügigkeit.

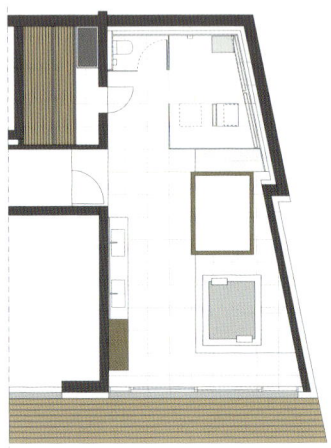

Grundriss ohne Maßstab

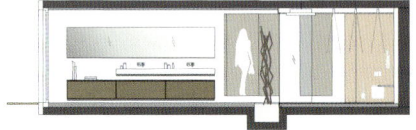

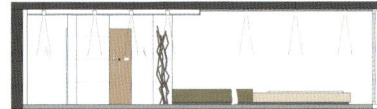

Schnitte ohne Maßstab

↑ Auch Kunst im Badezimmer
benötigt entsprechend große
Räumlichkeiten.
→ Die Welt des Wassers: Entspannung
pur im XXL-Format.

Waschtisch: Antonio Lupi, Slot
Badewanne: Antonio Lupi
Toilette: Duravit
Fliesen: Marmor Rosa Perlino
Möbelprogramm: Maßanfertigung
Armaturen: Dornbracht, THG

ein imposantes fünf Meter langes und zwei Meter tiefes Podest, in das eine breite Luxusbadewanne eingelassen wurde. Eine Ruheliege daneben komplettiert diese Wellnesszone.

Im zweiten Bereich des Badezimmers wurde eine bodengleiche großzügige Duschanlage mit Schwallauslauf, Stachelbrause, normaler Brause, Kneippschlauch und Regendusche angebracht. Gegenüber der Dusche wurde die Sauna eingebaut, dazwischen liegt die Toilette blickgeschützt hinter satiniertem Glas.

Der verbaute Marmor „Rosa Perlino" – der Lieblingsstein des Bauherrn – dominiert den gesamten Raum. Die wengefarbenen Hängeschränke unter dem Waschtisch und die gleichfarbigen Fensterrahmen passen perfekt dazu. Die restlichen Wände sind in cremefarbener Spachteltechnik ausgeführt. Durch die Reflexion der Brauntöne nimmt das Creme ebenfalls eine edel wirkende Tönung an.

Licht

Ein Sonnenaufgang wie im Bilderbuch. Man spürt förmlich, wie einem die Sonnenstrahlen auf der Nase kitzeln. Anregendes Licht ist ein Motivator für einen frischen Start in den Tag. Kann man Licht so gestalten, dass es einen wie ein schöner, heraufdämmernder Morgen begrüßt? Kann eine künstlich erzeugte Lichtstimmung am Abend Ähnliches bewirken wie ein Sonnenuntergang am Meer, wenn langsam der Glutball am Horizont versinkt? Um abschalten und relaxen zu können, muss die Gesamtstimmung passen. Kann dabei das Thema Licht unterstützend wirken, Erinnerungen reflektieren und Emotionen wecken?

Licht, das die Welt in seinen Kontrasten und seiner Farbigkeit widerspiegelt. Licht, das dort platziert werden kann, wo man es braucht, und das weder blendet noch die Wahrnehmung trübt.

Ein völlig neues Lichtkonzept macht es möglich: emotional lighting, entwickelt vom Designer Bernd Beisse. Er hat sich in den letzten Jahren intensiv mit der Frage auseinandergesetzt, wie schönes, anregendes, belebendes Licht in Innenräumen geschaffen werden kann, ist lichttechnischen Grundfragen nachgegangen, hat mit Psychologen, Ingenieuren und Architekten zusammengearbeitet und Antworten gefunden auf revolutionär neue Fragestellungen. Er hat so die wesentlichen Faktoren identifiziert, die einen sonnigen Tag von einem wolkenverhangenen oder gar verregneten unterscheiden, und die Voraussetzungen dafür geschaffen, dass man Licht individuell gestalten kann. Licht, das die Welt in seinen Kontrasten und seiner Farbigkeit widerspiegelt. Licht, das dort platziert werden kann, wo man es braucht, und das weder blendet noch die Wahrnehmung trübt. Licht, das Rücksicht nimmt auf die vom Tages- und Jahresverlauf abhängigen subjektiven Helligkeitsbedürfnisse. Das Resultat seiner Anstrengungen: ein Licht, das zu Beginn des Tags ein wonniges Wohlgefühl schafft und einen inspiriert wie die Sonne.

Der Abend hingegen birgt eine ganz andere Stimmung. Man war den ganzen Tag außer Haus, hat vielleicht im Freien noch Tennis gespielt oder ist Fahrrad gefahren. Oder vielleicht galt es noch, Arbeit zu Hause zu erledigen, und man möchte nach all der Anstrengung Kräfte sammeln, Energie tanken, zu sich kommen. Auch diese abendlichen Stimmungen finden im Konzept von emotional lighting ihren Widerklang, hier kommen emotionale Elemente verstärkt zum Tragen. Licht, das über den Boden huscht oder sich in Kristallen bricht, Licht, das über prächtig gestaltete Spiegel raffiniert umgelenkt wird und den Gegenständen eine erhebende, fast andächtige Atmosphäre verleiht. Oder Elemente von Licht, die wie ein Weichzeichner wirken und den Unbilden des Tags ihre Schärfe nehmen. Diese Elemente sind es, die die Atmosphäre unseres Badezimmers maßgeblich bestimmen und die alles in ein neues Licht tauchen. Das Licht mit seinen vielen Ausdrucksmöglichkeiten ist es, das den Unterschied macht: Es kann dem Körper schmeicheln oder die Seele streicheln, es macht möglich, dass wir heimkommen, ankommen. Den Tag Revue passieren lassen und unseren Gedanken nachhängen, sie verarbeiten, allein oder zu zweit mit dem Partner. Das ist es, was uns zur Ruhe kommen lässt, was beruhigt und versöhnt wie ein Sonnenuntergang und uns so vorbereitet auf die Ruhe der Nacht.

Bernd Beisse widmet sich ganz seiner Profession, dem Lichtdesign. Mit seinem emotional lighting-Konzept und seinen individuellen Designs feiert er Erfolge: Die charakteristischen Lichtsysteme aus der Designschmiede finden sich mittlerweile auf der ganzen Welt. Die Entwürfe von Bernd Beisse setzen Privatwohnungen und -häuser, Bars, Restaurants, Hotels, Ladengeschäfte, Banken, Eingangshallen, Kinos, Theater, Museen sowie Büros wirkungsvoll in Szene. Herausragende Auftritte erlebten Bernd-Beisse-Leuchten unter anderem im Kinospektakel „Tomb Raider" mit Schauspielerin Angelina Jolie, und auch das berühmte Turiner Grabtuch konnte der Lichtdesigner bereits festlich ausleuchten.

New Country

Das Aufsatzbecken schafft durch seine zurückhaltende Form eine moderne und zugleich freie Anmutung.

Die Wohlfühlatmosphäre wird durch das Massivholz-Parkett unterstützt.

Nur durch eine eingestellte Wand werden Bade- und Schlafzimmer voneinander getrennt.

Für ihr Landhaus wünschten sich die Bauherren ein Badezimmer mit Charakter. Eine der wichtigsten Vorgaben war, die Natur bis in den Innenraum spürbar werden zu lassen. Dafür galt es, natürliche Materialien, eine stimmige Farbwahl und ein großes Fenster mit freiem Blick zu berücksichtigen. Stilistisch modern, klar und mit geraden Linien sollte das Badezimmer erscheinen, aber nicht kühl wirken, ein bequemer Schminkplatz mit Sitzgelegenheit sollte eingerichtet und ein besonderes Augenmerk auf die Beleuchtung gelegt werden.

Raumkonzepte verändern sich mit den Gewohnheiten sowie den Umständen, in denen die Menschen leben. So konnte hier das ehemalige Kinderzimmer an das benachbarte Schlafzimmer angegliedert und zum Badezimmer umgebaut werden. Die Türen zum Schlafzimmer und ehemaligen Kinderzimmer wurden entfernt, dafür gibt es nun einen gemeinsamen Eingang durch eine neue Tür, die den langen Flur um einen Meter verkürzt und den Blick auf beide Räume freigibt. Das Bad löst sich so vom Konzept eines separaten Raums und öffnet sich dem Schlafraum. Die einheitliche Gestaltung von Boden und Wand verstärkt die Zusammengehörigkeit beider Räume. Rustikal extravagant erscheint der Bodenbelag: Es wurde die seltene Mooreiche gewählt, alle Dielen sind handgehobelt, gebürstet und geölt. Die unregelmäßige Oberfläche der

INFORMATIONEN
Umbau/Renovierung im Bestand | Fertigstellung: 2009 | Grundfläche: 12 m² | Baukosten: 45.000 Euro

➡ Zeitlos: die aufeinander abgestimm-
ten Armaturen im Duschbereich.
⬇ Puristisch: der Handtuchhalter
einmal neu gedacht.
⬇ Edel: der Waschtisch ist als
Schminkplatz gestaltet.

Mooreiche sorgt barfuß für einen angenehm weichen und warmen Gehkomfort. Die Wände wurden mit der matten Kalkputztechnik „Terra Stone" veredelt. Diese Beschichtung besticht durch ihren fast mediterranen Charakter, und je nach Lichteinfall blitzen winzige Quarzpartikel auf.

In deutlichem Kontrast zu den Boden- und Wandmaterialien stehen die puristisch geradlinigen Schreinermöbel. Alle Kanten sind perfekt auf Gehrung gefertigt. Das verwendete Rot der Waschtischmöbel harmoniert mit dem Grün der umliegenden Wiesen.

Der fast drei Meter lange Waschtisch mit dem ovalen Halbeinbaubecken verzichtet auf den üblichen Wandspiegel. Dafür gibt es einen Drehspiegel mit Sitzgelegenheit zwischen Waschbecken und Kosmetikschrank, der auch im Sitzen einsehbar ist.

Der Duschbereich ist aus sandfarbenem satiniertem Marmor gemauert. Von hier aus bieten sich gleich zwei Aussichten in die Natur:

Seitlich wurde ein zusätzliches kleines Fenster eingebaut, das durch das Schlafzimmer hindurch den Blick auf die Berge freigibt. Die Badewanne ist in einen Sockel aus demselben Marmor eingelassen. Weiße Nackenkissen haften per Magnet an jeder Stelle der Stahle-maille-Wanne und können auch als Fußstütze eingesetzt werden. Der kantige, massive Wanneneinlauf sitzt wie eine Skulptur auf dem Rand. Breite glatte Chromflächen reflektieren Lichteinfälle von oben und seitlich und lassen ihn transparent wie einen Kristall erscheinen. Die punktgenau über dem Badeplatz angebrachte Deckenleuchte mit Kettenvorhang wirkt wie eine Neuinterpretation des klassischen Kronleuchters und verleiht ihm einen fast sakralen Charakter.

Unterstrichen wird die exklusive Badatmosphäre durch „emotional lighting" – das professionell geplante Lichtkonzept. Sowohl im Badezimmer als auch im Schlafraum sind Flächenlautsprecher unter Putz installiert. Musik ist somit hörbar, die Quelle bleibt aber unsichtbar.

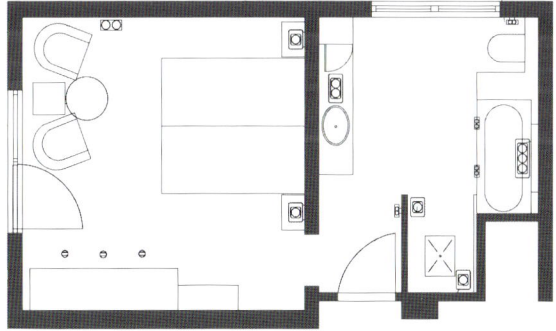

Grundriss ohne Maßstab

Waschtisch TOP: Maßanfertigung
Waschbecken: Agape, Spoon
Badewanne: Bette, Starlet
Toilette: Geberit, Dusch-WC
Möbel: Maßanfertigung
Armaturen: Dornbracht, SuperNova

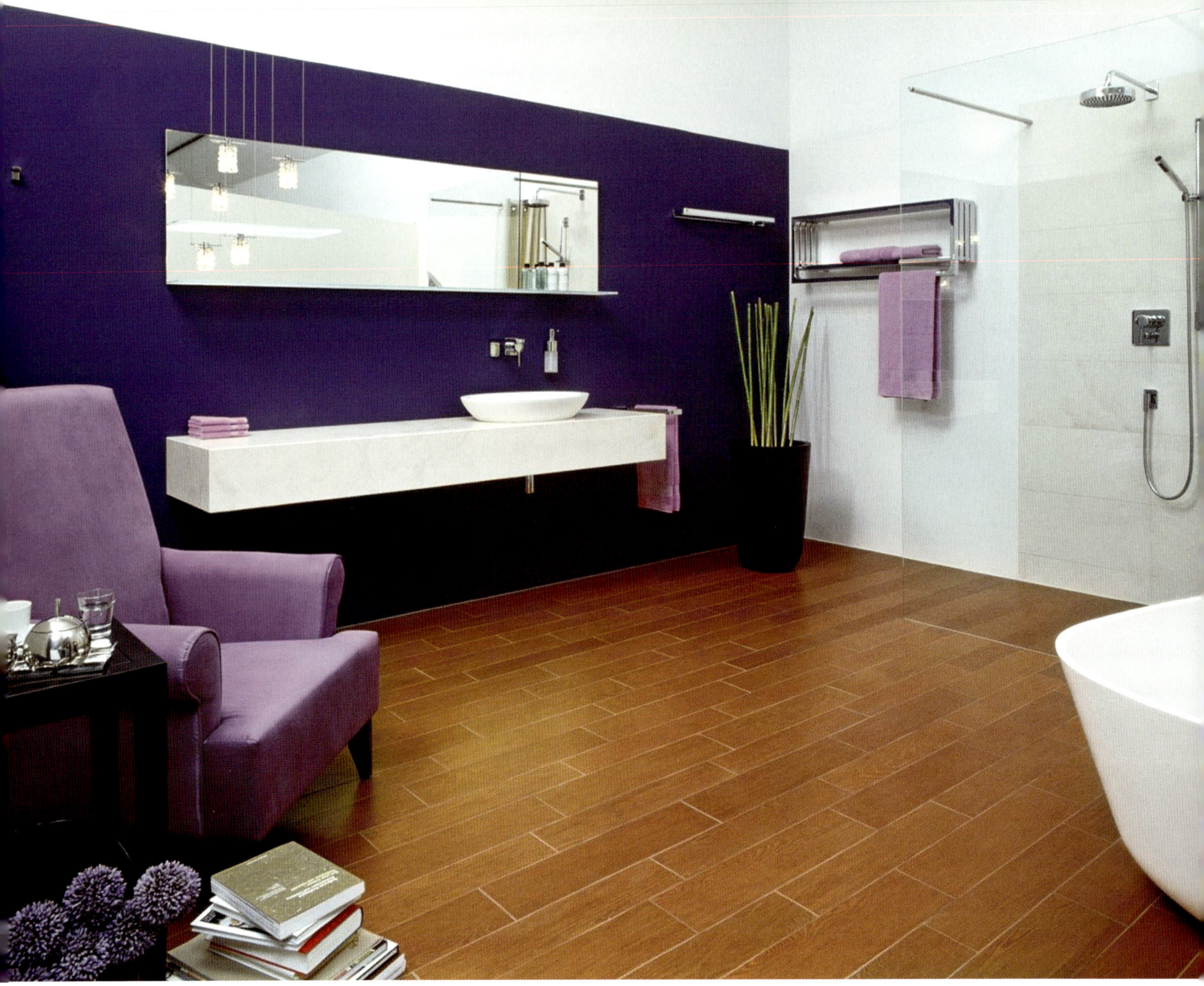

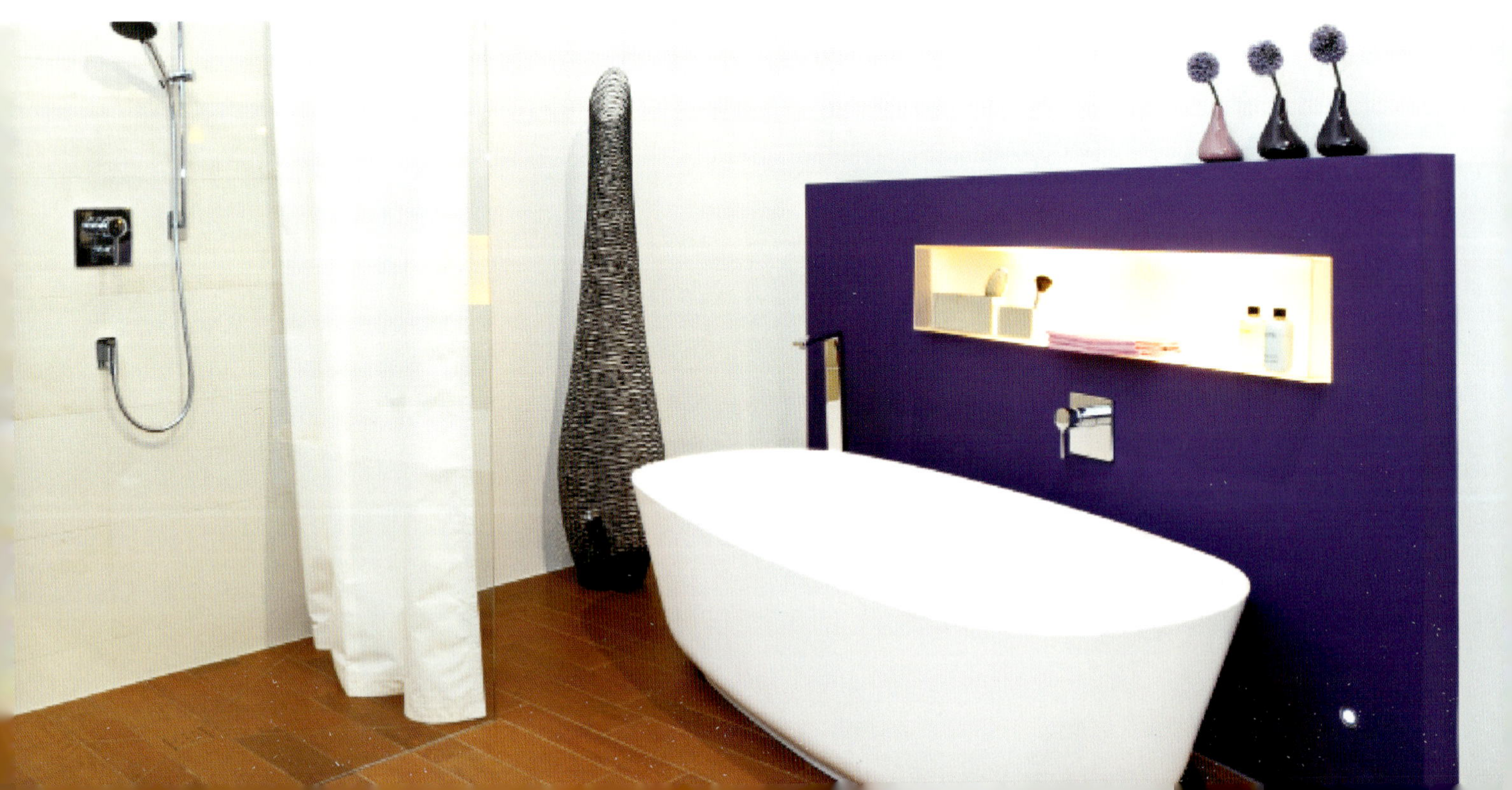

Es wird lila

In der Mode ist der Trend schon lange angekommen – egal ob zartes Flieder oder dramatisches Violett, die Farbe Lila veredelt dunkles Holz und sorgt in Kombination mit strahlendem Weiß für knallige Akzente. Die Bauherren dieses Badezimmers wollten in kräftigen Farben schwelgen, und gemeinsam mit den Badplanern wurde ein Farbkonzept in Lila-Braun-Cremeweiß erarbeitet.

Mensch und Raum sind untrennbar miteinander verbunden, darum sollten Räume über ihre reine Funktionalität hinaus gestaltet werden. Man spürt, dass dieses Designerbad für zwei starke Persönlichkeiten umgesetzt wurde: Einerseits sollte die Einrichtung reduziert ausfallen, anderseits möglichst jedes einzelne Element ein Highlight setzen. Die zwei Meter lange Waschtischplatte ist auf Maß gefertigt. Sie besteht aus dem seidenmatten Kalkstein „Crema Beida" und bekommt durch eine 20 Zentimeter hohe Schürze eine monolithische Anmutung. Auf ihr ruht als Designobjekt ein ovales Waschbecken aus Exmar, einem Gemisch aus Harz und Marmor. Am Wandspiegel über der Waschtischplatte sind Glas-Ablageplatten unsichtbar schmalkantig verklebt. Zu der großzügigen Wirkung des Badezimmers trägt auch die frei stehen-

Waschtisch: Agape, Spoon
Badewanne: Antonio Lupi, Baia
Möbel: Lambert
Armaturen: Dornbracht, LULU

INFORMATIONEN
Umbau/Renovierung im Bestand | Fertigstellung: 2006 | Grundfläche: 14 m² | Baukosten: 30.000 Euro

◄ Farbe weckt Emotionen und schafft Atmosphäre.

◣ Auch mit einem Duschvorhang kann man sich sehen lassen.

de ovale Badewanne aus Corian bei. Sie ist vor einer vorgemauerten lila Wand positioniert, in der alle Versorgungsleitungen zur Wannenarmatur verlegt wurden. Einen Akzent setzt die hinterleuchtete Nische aus weißem Acrylglas.

Der geräumige Duschbereich wird durch eine Glasscheibe parallel zur Wand begrenzt und garantiert Bewegungsfreiheit. Auf der einen Schmalseite hält ein beschichteter Leinenvorhang das Spritzwasser ab. Der gesamte Fußboden des Badezimmers ist mit Feinsteinzeugfliesen in Kirschholz-Optik verlegt, die auch durch die Dusche hindurchlaufen und über deren eigentlichen Raumbedarf optisch hinwegtäuschen. Wenige Elemente in der Trendfarbe reichen, um dem Raum eine ganz eigene Atmosphäre zu verleihen.

Dieses farblich unkonventionell gestaltete Bad veranschaulicht, dass es beim Entwerfen ebenso auf etwas Mut zur Farbe wie auf eine gute Grundidee, deren konsequente Umsetzung und die richtige Auswahl der Materialien ankommt.

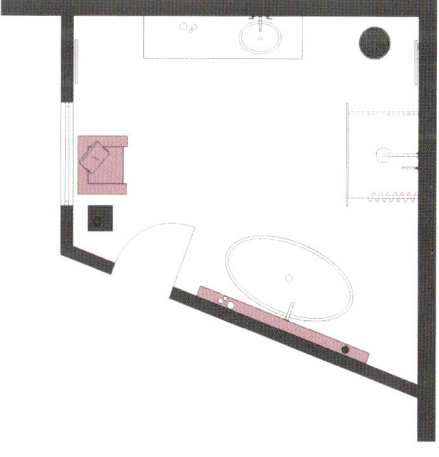

Grundriss M 1:100

Licht und Raum

Stil ist umfassend. Erst wenn alle Teile zusammenpassen, entsteht ein einheitliches Ensemble – und das gilt nicht nur für die Mode, sondern auch für die Innenarchitektur. Denn was Stil von einem kurzlebigen Trend unterscheidet, ist der zeitlose Entwurf, die allgemeingültige Form. Wenn Schnörkel und Überschwang wie bei diesem Badezimmer über Bord geworfen werden, bleibt der Kern der Dinge übrig.

Relaxen, pflegen, träumen, lesen – so brachten die Planer die Wünsche der Bauherren auf einen Nenner. Anhand des geradlinigen Grundrisses gliederten sie das Bad in diverse Bereiche. Zentral und direkt

vor einem großen Panoramafenster wurde ein Whirlpool installiert – ein Wunsch der Hausherrin –, ein Stück weit in den Fußboden eingelassen und ringsum mit Naturstein verkleidet. So wirkt der Block weniger massiv und gewährleistet einen einfacheren Einstieg. Mit Blick ins Grüne oder wahlweise auf den Plasmabildschirm lässt sich es sich hier wunderbar entspannen. Den Vorstellungen und Wünschen des Hausherrn wurde mit einem geräumigen Duschbereich entsprochen: In der großzügigen Natursteindusche, abgeschirmt durch eine Glaswand, rieselt oder schauert das Wasser aus einer Regendusche herab und wird durch Musik aus in die Decke eingelassenen

➡ Ein Orchideen-Zweig unterstreicht die fernöstlich anmutende Badmöbel-Kollektion.
⬇ Ein „Apothekerschrank" schafft unauffällig Stauraum.

INFORMATIONEN
Umbau/Renovierung im Bestand | Fertigstellung: 2006 | Grundfläche: 21 m^2

← Ein sorgfältig gestalteter Raum, der dazu dient, das Wohlbefinden zu steigern.

Lautsprechern untermalt. In die Rückwand der Dusche wurde eine Niedervolt-Wandheizung eingebaut, die in der kühleren Jahreszeit für wohlige Strahlungswärme sorgt. Das Glas der Duschtrennwand ist teilweise satiniert, um Intimität zu erzeugen und die Verbindung zur satinierten WC-Abtrennung herzustellen. Exklusivität strahlt auch der Waschtischbereich aus, der als eigenständige Zone eingeplant wurde. Gefertigt ist er, wie sämtliche Beläge an Wand und Boden, aus Naturstein.

Die hochwertigen Möbel aus Wenge, raffinierte Details wie die großen Auszüge unter dem Waschtisch, Stauraum in den rechts und links platzierten Hochschränken, die Lichtwirkung und viel Platz unterstreichen die gewünschte Wohnraumästhetik zusätzlich.

Whirlpool: Hoesch, eingefasst mit Naturstein von Pibamarmi
Waschbecken: Antonio Lupi, Mimo
Armaturen: Dornbracht, MEM und BigRain in der Dusche
Waschtischanlage: Pibamarmi, Naturstein
Spiegel: Eigenanfertigung
Leuchten: Decor Walther, Bloc
Möbel: Antonio Lupi
Apothekerauszug: Eigenanfertigung vom Schreiner
Bodenbelag: Pibamarmi, Natursteinplatten 60 x 60 cm
Wandverkleidung: Pibamarmi, Naturstein
Wandbehandlung: Marmo Bianco, Spatula
Heizkörper und Handtuchwärmetrockner: tubes
Accessoires: Dornbracht, MEM

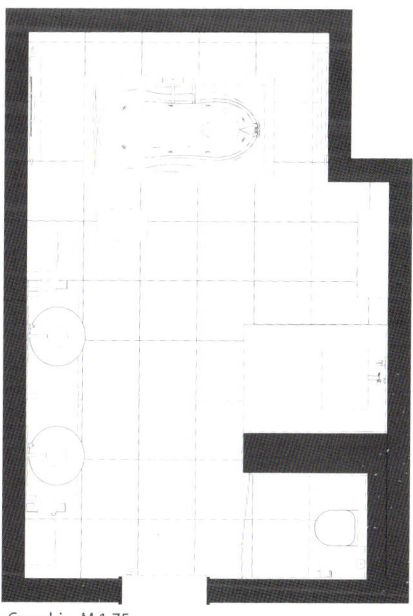

Grundriss M 1:75

Weniger ist mehr

Da das Bad immer öfter als Wohnraum verstanden und genutzt wird, wird es tendenziell auch immer größer und raffinierter geplant.

Durch die intelligente Lösung der Planer, das Badezimmer unter dem Dach des Neubaus zu installieren, konnten hier Großzügigkeit und Wohnlichkeit vereint werden. Der Raum mit Dachschräge wurde in zwei Ebenen geteilt, die sich in ihrer Funktion unterscheiden. Neben dem Hauptraum mit frei stehender Wanne und Waschplatz wurde ein über Stufen erreichbarer separater Bereich für Dusche und Sauna umgesetzt. Im Badbereich befindet sich eine halbhohe Installationswand, an deren Vorderseite der Waschtisch mit den beiden Becken, an der Rückseite die Toilette und das Bidet angebracht wurden. Der Bereich um den Waschtisch ist bewusst reduziert möbliert, da die Bauherren hier keinen Stauraum wünschten. Die Kosmetikartikel für den täglichen Gebrauch sind ausschließlich in zwei Corian-Spiegelschränken untergebracht, die förmlich aus der Trennwand herauswachsen und deren Spiegeltüren sich jeweils nach rechts und links schieben lassen. In den dahinter liegenden Bereich kann man sich zur Entspannung zurückziehen, hier wirkt die exklusive Möblierung aus lackiertem Sideboard und frei stehender Designer-

→ Wie eine Skulptur wirkt die frei stehende Ovalbadewanne, die hier mit der ebenfalls frei stehenden Badewannenarmatur kombiniert wird.

↓ Das Waschbecken unterstreicht die extravagante Formensprache der Sanitärobjekte.

INFORMATIONEN
Neubau | Fertigstellung: 2005 | Grundfläche auf zwei Ebenen: 32 m^2 | Baukosten: 55.000 Euro

← Hochwertig verarbeiteter Waschplatz, geschickt
die Einbaulösung der Spiegelschränke.

↘ Eine „fünfte" Wand birgt alle Installationsleitungen.

Badewanne für sich. Da sich die Badewanne unter einer befensterten Dachschräge befindet, lässt es sich badend in den Himmel schauen. Gleichzeitig sorgt die Sonneneinstrahlung durch die Dachfenster für eine hervorragende Belichtung und Erwärmung des Raums. Eine technische Besonderheit ist die eigens angefertigte „Corian-Box", welche die gesamte Technik für die Badewanne enthält und gleichzeitig als Abstellfläche für Accessoires und Pflegeprodukte direkt an der Badewanne dient.

Über zwei Stufen gelangt man in den Wellnessbereich mit Dusche und der sondergefertigten Sauna, die beide einen Blick auf die umliegende Landschaft ermöglichen. Da sich der großzügige Duschbereich ebenfalls unter der Dachschräge befindet, führte der Wunsch nach einer Regendusche zu einer ausgefeilten Eigenkonstruktion der Planer.

Die Wände sind durchweg hell gehalten, im gesamten Badezimmer wurde für Böden, Trennwände und im Nassbereich auch für die Wände strapazierfähiger Solnhofener Naturstein verwendet. Die Armaturen gelten als Design-Klassiker aus den Sechzigerjahren und unterstützen in ihrer zurückhaltenden Formen- und Materialsprache den gewünschten Gesamteindruck von „Weniger ist mehr".

Grundriss M 1:100

Badewanne: Rapsel, Lavasca-mini
Armaturen: VOLA, Edelstahl
Dusche: Dornbracht, BigRain, den Anforderungen entsprechend umgebaut.
WC/Bidet: Ideal Standard, Tonic
Waschbecken: Agape, Spoon-Becken
Waschtischablage: Pibamarmi, Naturstein
Möbel: Antonio Lupi
Schiebespiegel: Eigenanfertigung
Glasabtrennung: nach Aufmaß
Fliesen: Solnhofener Platten
Leuchten: Brumberg und Steng
Heizkörper: Sprinz, Glasheizkörper

Alt und Neu

Klassik trifft auf Modern – das beherrschende Thema, das sich durch die gesamte Wohnung in einem sanierten Gründerzeithaus im angesagten Viertel Prenzlauer Berg in Berlin zieht. Mit dem berühmten Händchen für das gewisse Etwas wird hier ohne jeglichen Berührungsängste über alle Stile hinweg alles untereinander gemischt. Getreu dieser Einrichtungsmaxime wurde ein Badkonzept für die sammelbegeisterten Bauherren entwickelt. Die beiden unterschiedlichen Sanitärobjekte, Wanne und Waschbecken aus Kundenbesitz, waren Dreh- und Angelpunkt der Planung, alles andere musste sich hierzu einordnen. Selbst die Renovierung war ein sich ständig verändernder Prozess – so wurden zum Beispiel der auffällige Wanneneinlauf und der Spiegel erst während der Bauphase „gefunden". Ändern und Umplanen war immer wieder angesagt, um die Fundstücke mit Geschichte und neuester Installationstechnik optisch und funktional zusammenzufügen. Hinter dem imposanten Spiegel, der jetzt als Schranktür fungiert, verbirgt sich ein in der Wand eingelassener geräumiger Einbauschrank, der neben dem neu angefertigten Schrank unterm Fenster den notwendigen Stauraum bietet.

INFORMATIONEN
Umbau | Fertigstellung: 2009 | Grundfläche: ca. 12 m² | Baukosten: ca. 53.000 Euro

◄ In der historischen Wanne soll sich schon Napoleon entspannt haben.

◄ Die schönste Art zeitgemäßer Körperpflege.

Sämtliche Wände und die Decke wurden in einem den Steinflie-
sen angepassten hellen Grauton gestrichen. Durch die raumhohe
Verfliesung mit dem dunkelgrauen Sandstein und den direkten
Zugang über das Schlafzimmer erhält das Badezimmer eine einzigartig sinnliche Atmosphäre.

← Kreativität trifft Gebrauchswert:
  Im antiken Spiegel behält man den
  Überblick.
→ Moderne Umsetzung von Romantik:
  Sammlerstücke kombiniert mit
  Hightech-Armaturen.

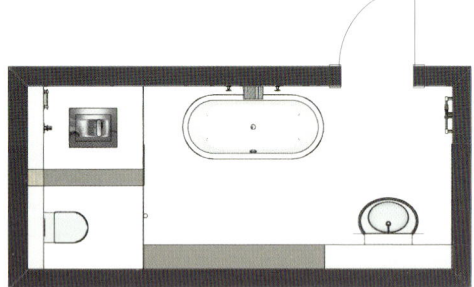

Grundriss M 1:100

Badewanne, Waschtisch, Spiegel: Kundeneigentum
WC: Ceramica Flaminia, Link
Armaturen: Dornbracht, TARA und Balance, Moduls
Fliesen: Pibamarmi
Möbel: Maßanfertigung
Deckenleuchten: AIXLIGHT

Afterwork-Loft

Wohnen und Arbeiten in einem Loft wird immer beliebter und begehrter. In erster Linie denkt man an Fabrikkomplexe mit Backsteinwänden und gusseisernen Säulen, doch handelt es sich bei diesem Loftumbau um eine moderne Gewerbe-Immobilie mit all ihrer sachlichen Zweckmäßigkeit. Das mit den sonstigen Lofts Gemeinsame sind allein die Größe und der damit verbundene Platz für Veränderungen.

Die Bauherren, ein Unternehmerehepaar, hatten den Wunsch, eine Teilfläche des Gebäudes in eine Wohnung umzugestalten, um während der Arbeitswoche dort zu leben. Das Objekt sollte dabei aber in seiner Sachlichkeit erhalten bleiben und eine Fläche im Erdgeschoss zu einem offenen Bereich für Baden und Wellness, Schlafzimmer und Ankleidezimmer umgebaut werden. Eine zukünftige andere Nutzung ohne aufwendige Rückbauten musste möglich bleiben, was bedeutete, dass der Einbau von Massiv- oder Trockenbau-Zwischenwänden nicht zulässig war. Dennoch stand eine nachhaltige Nutzung im Vordergrund des Umbaus, ausgeführt mit einer stilistisch reduzierten Formensprache und der Verwendung hochwertiger Materialien bei den Einrichtungsobjekten und Belägen.

INFORMATIONEN
Umbau | Fertigstellung: 2007 | Grundfläche: 30 m² | Baukosten: 50.000 Euro

← Klare Formen und Linien sorgen für ein zeitlos schönes Bad mit puristischem Charakter.

↓ Im Duschbereich wird man im Stil eines römischen Badetempels verwöhnt.

Mittelpunkt und Blickfang des Badezimmers ist der riesige Block, in den eine übergroße Badewanne eingelassen wurde. Flankiert wird diese auf der einen Seite von einer beheizten Ruhefläche, auf der anderen von einem großzügigen Duschbereich. Die Fliesenwand im Duschbereich ist eine Augenweide: Tausende von kleinen goldfarbenen Fliesen funkeln mit den in Decke, Wand und Boden eingelassenen Spots um die Wette. Die Aufteilung des Raums erfolgte ausschließlich durch Raumteiler, die Anordnung der Sanitärobjekte und die Einbindung raumhoher Vorsatzschalen für die Leitungsführung der Sanitärelemente, Elektroinstallationen und des Saunabereichs. Um dem Badezimmer trotz seiner funktionalen Anmutung eine gewisse Behaglichkeit zu verleihen, wurden Boden und Podeste mit Sandstein belegt sowie die Decke abgehängt und mit dimmbaren Leuchten versehen. Die ausgeklügelte Lichtinstallation erzeugt ein schönes Licht- und Schattenspiel, die Beheizung des relativ großen Raums erfolgt über die vorhandene Fußbodenheizung. Alles in allem ist das Badezimmer eine formvollendet sinnliche Komposition aus Farben und Materialien.

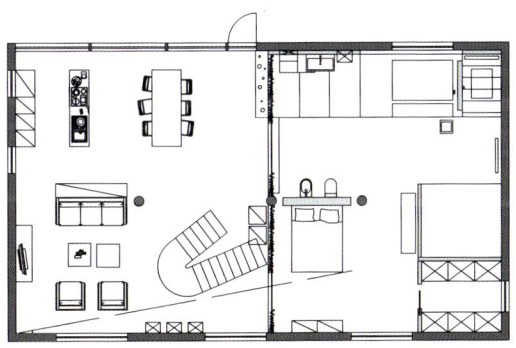

Grundriss ohne Maßstab

← Der Badewannenblock ist purer Luxus und bietet maximale Entspannung.

Waschtisch: Antonio Lupi, Fiume
Badewanne/Whirlwanne: Hoesch, Santee
Toilette/Bidet: Antonio Lupi, Evakuo
Badmöbel: Antonio Lupi, Materia
Armaturen: Dornbracht, MEM platin matt
Regenhimmel: Dornbracht, Rainsky
Sauna: Tylö

Aus Küche wird Bad

Gut geplant ist halb gewonnen. In dem Gebäude aus den Siebzigerjahren wurde eine komplette Etage renoviert und räumlich neu eingeteilt: Aus dem ehemals neben dem Schlafzimmer gelegenen, winzig kleinen und alten Bad entstand ein Ankleidezimmer; die ehemalige Küche, die sich dem Schlafzimmer gegenüber befand, wurde zu einem Badezimmer umgeplant. Das separate WC verblieb am bisherigen Ort.

Das neue Bad sollte Ruhe, Ordnung und Eleganz ausstrahlen, das war den Bauherren wichtig. Dazu war das von ihnen gewünschte Farbkonzept in ansprechendem Cremebraun konsequent einzuhalten, auf alles Überflüssige sollte verzichtet werden.

Die Planer zogen zunächst eine nicht ganz deckenhohe Zwischenwand ein, um den dahinter liegenden Duschbereich abzutrennen, der dadurch keine Glastrennwand mehr benötigt. Eine kleine Stufe für den gesamten Duschbereich wurde notwendig, um für den erforderlichen Bodenablauf zu sorgen. Das Fenster, das zu einem Teil in den Duschbereich hineinragt, erhielt ein undurchsichtiges satiniertes Glas. Das

➡ Der Duschbereich kommt, wie das Badezimmer, ganz ohne Wandfliesen aus.

↘ Der große Spiegel und der Waschplatz wirken auch im kleinen Bad großzügig.

INFORMATIONEN
Umbau/Renovierung | Fertigstellung: 2008 | Grundfläche: 12 m² | Kosten: 25.000 Euro

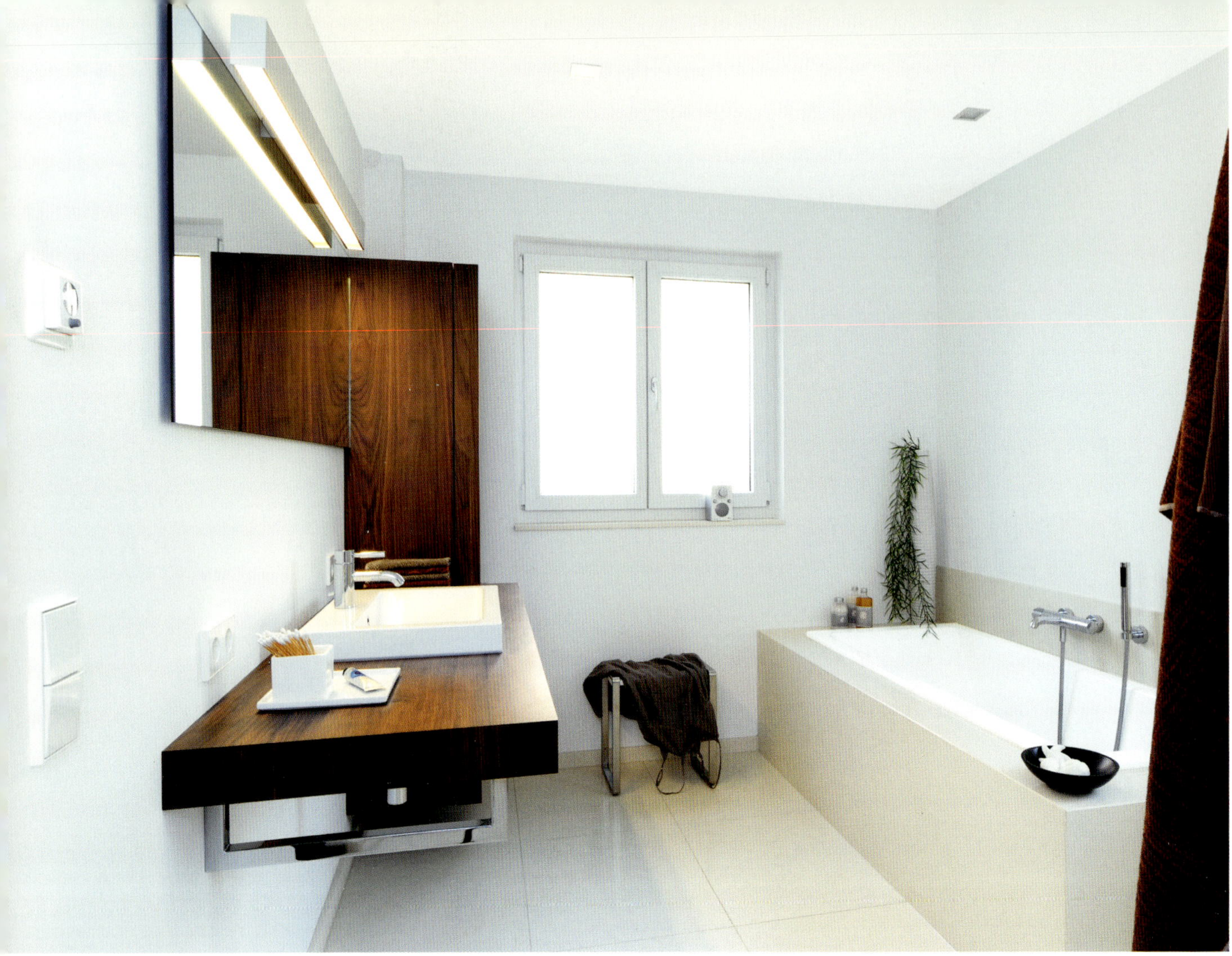

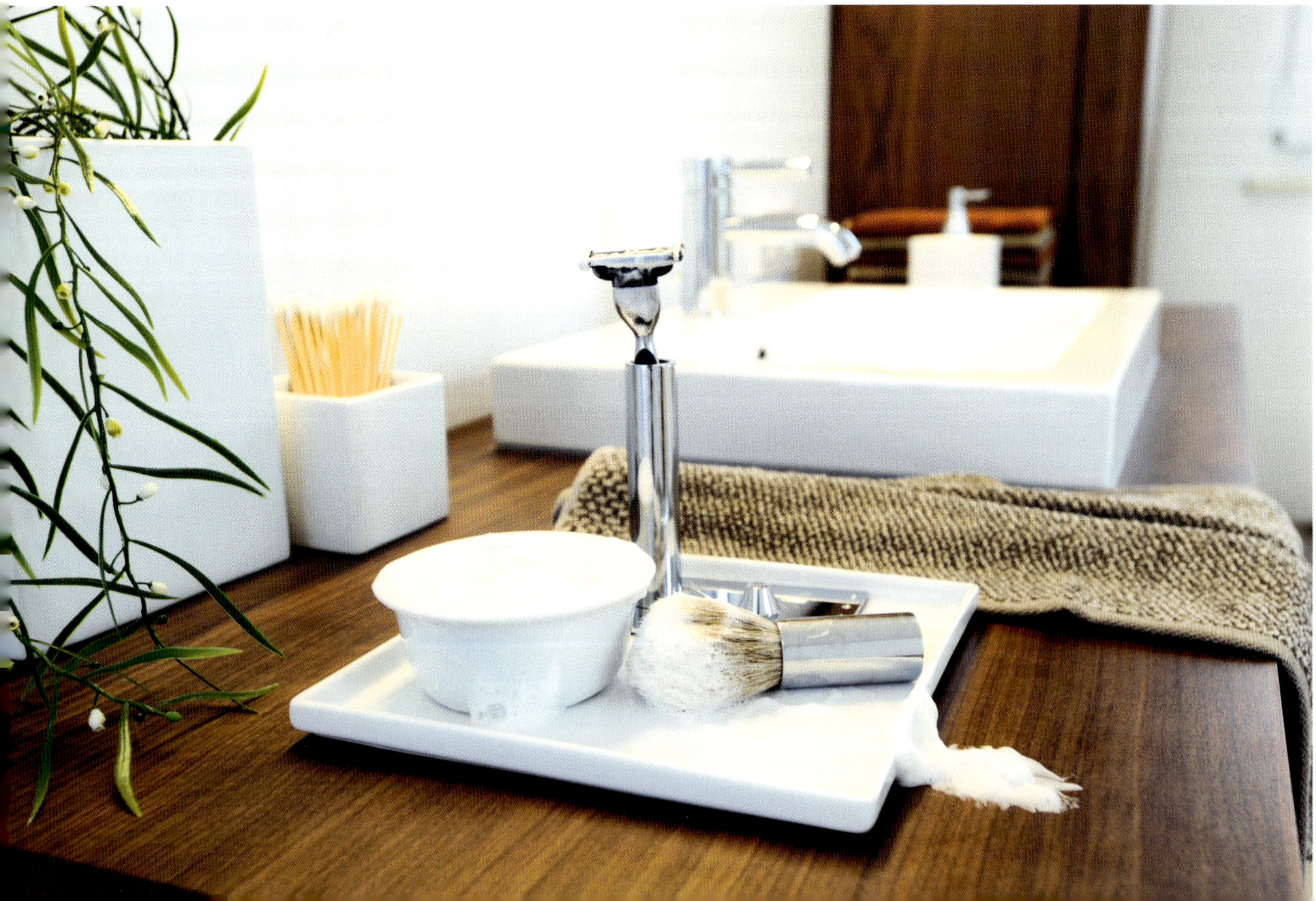

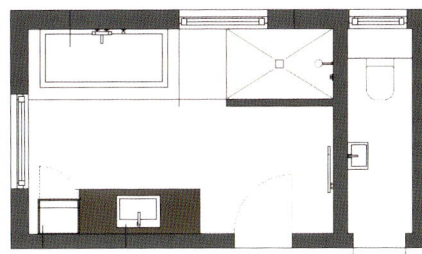

Grundriss M 1:100

Waschtisch: Duravit
Badewanne: Bette, Starlet
Armaturen: Dornbracht, Meta
Möbel: Duravit
Fliesen: Kalkstein Crema Beida

so gefilterte Tageslicht sorgt für eine natürliche und angenehme Lichtstimmung im Badezimmer. Ergänzt wird der harmonische Gesamteindruck durch die Verwendung einheitlicher Fliesen: Bei Duschwand und -boden ebenso wie bei der Badewannenumrandung und dem gesamten Boden wurde der Kalkstein „Crema Beida" verwendet. Alle anderen Wände sind in seidenmatter Spachteltechnik im selben Farbton ausgeführt. Diese harmonische Ton-in-Ton-Lösung verleiht dem Bad die gewünschte Ruhe und Eleganz. Auch die Waschtischanlage aus Nussbaum fügt sich in das Farbkonzept ein, und der hohe Schrank hilft Ordnung zu halten. Das räumlich sehr differenzierte Badezimmer gibt seine Qualitäten nicht auf den ersten Blick preis, zeigt aber, dass mit der richtigen Planung und den geeigneten Sanitärobjekten jeder Raum in ein Wohlfühlbad verwandelt werden kann.

Moderne Badmöbel helfen, das Badezimmer als Raum zu gliedern.
Oberflächen, die auch einmal Seifenschaum vertragen.

Stählerne Klassik

Lang und schmal – der typische Grundriss eines Schlauchbads: in alten Häusern eine alltägliche Situation und für die Planer nicht gerade eine leichte Aufgabenstellung. Die Bauherren hatten auch keine konkrete Vorstellung ihres neuen Badezimmers, sondern wünschten sich auf der kleinen Fläche in erster Linie maximalen Komfort und höchste Funktionalität.

Eines stand nach den Gesprächen schnell fest: Der alte Grundriss und das Fenster bleiben, aber sonst wird sich alles ändern. Auf eine Badewanne wurde zugunsten eines Duschbereichs und Waschtischs verzich-

tet. Alle Sanitärobjekte konnten auf dem schmalen Grundriss so an einer Längsseite installiert werden. Wie auch hier sind Badsanierungen in Altbauten meist Kompromisslösungen, da die vorhandenen Räumlichkeiten oft nicht den Anforderungen moderner Sanitärinstallationen entsprechen. Besonders der Einbau einer barrierefreien Dusche mit einer Sitzfläche aus Corian und einer Abflussrinne gestaltete sich als größere Herausforderung. Hierfür mussten neue Anschlüsse verlegt und aufwendig die notwendige Einbautiefe für die Duschtasse geschaffen werden. Einen wesentlichen Anteil an der neuen, beeindruckenden Raumwir-

INFORMATIONEN
Umbau einer Villa | Fertigstellung: 2008 | Grundfläche: 7,7 m²

◄ Das Schlauchbad präsentiert sich hochwertig gefertigt und individuell gestaltet.
◄ Chrom-Armaturen treffen auf Rohstahloptik.

← Pures Weiß kontrastiert mit groß-
flächigen Fliesen in extravagantem
Stahlfinish.

→ Selbst das WC präsentiert sich
kubisch.

kung haben die verwendeten Materialien und
Oberflächen. Passend zu den anderen Wohnräumen wurden auch im Bad massive Echtholz-
dielen verlegt. Holz schmeichelt den Füßen, ist
warm, weich, behaglich und entgegen aller
Meinungen unempfindlich gegenüber Nässe.
Der Waschtisch ist eine Sonderanfertigung aus
geöltem Cortenstahl – entsprechend wurden
die Feinsteinzeugfliesen in gleicher Stahloptik
im Duschbereich verbaut. Die verschiedenen
Braun- und Rosttöne korrespondieren auf vor-
treffliche Weise mit den reinweißen Sanitärobjekten und den weiß gestrichenen Wänden.
Für spannende Lichtreflexe sorgt das einfallende Tageslicht. Die künstliche Beleuchtung,
einzeln zu schalten und dimmbar, ist in unter-
schiedlicher Form eingesetzt und taucht das
Bad in ein warmes Licht. Durch ein räumlich
funktionelles wie klares Konzept, gepaart mit
wohldurchdachten Details und einer außerge-
wöhnlichen Materialwahl, ist ein zeitloses wie
klassisches Badezimmer entstanden.

Waschbecken: Antonio Lupi
Waschtisch: Maßanfertigung aus Cortenstahl
Duschboden/Sitzbank: Maßanfertigung aus Corian
Stand-WC: Duravit
Armaturen: Dornbracht
Regenbrause: Dornbracht Sangha
Heizkörper: Tubes
Beleuchtung: Kreon
Spiegel: Minetti
Duschabtrennung: Maßanfertigung
Duschvorhang: Luiz
Bodenbelag: Cotto d'Este, Vollholzdielen/Feinsteinzeug
Wandbelag: Cotto d'Este, Feinsteinzeug

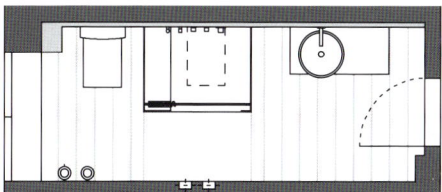

Grundriss M 1:75

Learning by Doing

Seit über 25 Jahren gilt Meiré und Meiré als eine der innovativsten Agenturen Deutschlands. Ihre Arbeit bewegt sich bewusst im Spannungsfeld von Design, Kunst und Markenwelten. Gegründet und geführt wird sie von den beiden Brüdern Marc und Mike Meiré. Vier Felder prägen ihre Arbeit: Editorial Design, Brand Coding, Culture Projects und Architektur. Vier strukturelle Bereiche, mit denen die Agentur Meiré und Meiré arbeitet, denn sie basieren aufeinander und sind logisch miteinander verknüpft. Mike Meiré, der kreative Kopf des Unternehmens, wechselt immer wieder zwischen seinen Rollen: Er ist Art Director, Designer, Künstler, Herausgeber, Fotograf, Kurator und Vermittler. 2006 wurde Mike Meiré durch die Lead Academy Hamburg als „Visual Leader of the Year" ausgezeichnet.

Für die Dornbracht Edges Reihe, Projekte an der Schnittstelle zwischen Kunst, Design und Architektur, engagiert er sich nicht nur als Kurator, sondern entwickelte auch eigene Arbeiten und Installationen, unter anderem „E-R-S the Energetic Recovery System", „The Farm Project" und die Ausstellung „Global Street Food". Ebenfalls für Dornbracht entstehen mehrdimensionale Markeninszenierungen. Mit den Ritualbädern MEM, Tara, Logic und Elemental Spa verknüpft Mike Meiré nicht nur traditionelle, vormoderne Reinigungsrituale mit technologischen und visuellen Angeboten der Jetztzeit, sondern lässt zugleich eine räumliche Umsetzung neuer Produktideen entstehen. Wiederum verknüpft Mike Meiré dabei unterschiedlichste Disziplinen, Medien und Materialien.

Was war für Sie der Ausgangspunkt für Ihre Ritualbäder, die Sie für die Dornbracht Armaturenserien MEM, Tara, Logic und Elemental Spa entwickelten?
Die Idee zur Ritual-Architektur entstand im Rahmen des Dornbracht Edges Projekts „Energetic Recovery Systems". E-R-S war konzipiert als das Bad der Zukunft: eine Art Pipeline zur Reinigung. Dabei ist mir bewusst geworden, dass es eine weitere Ebene der Reinigung gibt, die ein Bad ermöglichen muss: neben der rein körperlichen auch eine geistige Reinigung. Eine Ebene, die über Wellness im gängigen Sinne, also über Body-Treatments von außen, noch hinausgeht. Es geht vielmehr um einen Prozess der Heilung, um Re-Balance, darum, neue Kraft und Energie zu tanken. Erst wenn das Bad auch diese ideellen Funktionen erfüllt, wird es zu einem kulturellen Ort.

Welche grundsätzlichen Überlegungen ließen sich aus dem Anspruch, eine körperliche und geistige Reinigung im Bad zu ermöglichen, für die Architektur ableiten?
Unser Leben ist in den letzten Jahrzehnten immer schneller und komplexer geworden. Wir sind immer auf dem Sprung, mobil erreichbar und 24 Stunden gut informiert durch das Internet. Ruhezonen und -orte gibt es kaum, so ist das Bad einer der wenigen Orte im Leben der Postmodernen, wo wir Ruhe finden, eins mit uns selbst werden können. Daher geht es bei der Ritual-Architektur nicht primär um die neuesten Designtrends, sondern um die Bewusstmachung überzeitlicher Archaik. Der Mensch und seine Rituale werden in das Zentrum

der Architektur gestellt. Die rein funktionale Ebene der körperlichen Reinigung wird um eine weitere seelische, sehr individuelle Komponente erweitert. Daher spreche ich bei diesen Leadbad-Architekturen gern von Ritual-Architektur, also einer Architektur, die den Ritualen folgt.

Für die neue Armaturenserie Supernova haben Sie eine Life-Style-Architektur entwickelt. Wo liegt hier der Unterschied zur Ritual-Architektur?

Für die Supernova habe ich eine Architektur entwickelt, die den Life-Style-Gedanken des Armaturendesigns aufgreift. Die Facettierung der Armatur reflektiert den Trend der kristallinen Formgebung. Die Architektur folgt dieser formalen Prägung und wirkt als visueller Verstärker für diesen Trend. Die zusätzlichen Lackierungen im Beckenbereich unterstreichen die Spiegelungen des Umfelds, ermöglicht durch die gekippten Flächen der Armatur. Das Leadbad der Supernova (2009) verortet alle Wasserstellen eines Badezimmers in einem Solitär, der in der Mitte des Raums platziert wird. So wird das Bad zum objekthaften Möbel, das durch seine Farb- und Formgebung den aktuellen Trend einer Fusion von Kunst und Design aufgreift.

Sie sind in der Kommunikation für die Marke Dornbracht für die Branche untypische Wege gegangen. Warum?

Produkte differenzieren sich heutzutage in einem Markt oft nur minimal. Substitution ist bei dem heutigen Angebot von Gütern für den Konsumenten leicht. Darum entwickeln wir bei Meiré und Meiré Marken und deren Codierung. Die Marke wird zum Produzenten von Lebenskonzepten, sie wird zum Sinnstifter und greift Sehnsüchte einer

Gesellschaft und der in ihr lebenden Individuen auf. Somit ist eine Marke auch niemals statisch. Genau wie eine Gesellschaft sich immer im Wandel befindet, müssen auch Marken sich immer wieder neu erfinden. Bestenfalls einen Wandel in der Gesellschaft mitgestalten und begleiten. Das ist Marken-Evolution. Ich umschreibe das auch gern mit „Liquid Identity", einer prozessorientierten Fitness. Es geht um das Erzeugen von Bedeutsamkeit für das Individuum und seiner persönlichen Lebens-Qualifizierung. Um das zu erreichen, reicht das klassische Instrumentarium der Werbung und des Marketings nicht mehr aus. Bedeutsamkeit kann man nunmal nicht kommunizieren, also einfach behaupten. Bedeutend wird man durch Taten, nicht durch Worte. Daher suchen wir seit Mitte der 1990er-Jahre aktiv den Dialog mit Künstlern, Architekten und Designern.

Was heißt das für die Marke Dornbracht?

Bei Dornbracht war der Grundstein schon durch die Produkte gelegt. Durch den Anspruch an das Design und die Qualität der Armaturen ließ sich die Kommunikation in einen kulturellen Kontext einordnen, der sich in der Trias zwischen Kunst, Design und Architektur bewegt. Angefangen hat alles mit „Kultur im Bad" und der folgenden „Statements"- Ausstellungsreihe. Wir haben Künstler aufgefordert, sich auf unterschiedliche Weise mit dem Thema Bad auseinanderzusetzen. Damit war das Fundament für das kulturelle Engagement und die Kultur-Projekte von Dornbracht geschaffen.

Sie haben für die Dornbracht-Reihe „Edges" unter anderem das Projekt „Noises for Ritual Architecture" entwickelt. Was kann man sich darunter vorstellen?

Im Rahmen der Dornbracht Culture Projects erschien Anfang 2008 die erste Edition von Raumklängen zu den Ritual-Architekturen MEM, Logic und Elemental. Diese Ambientsounds reflektieren das Verhältnis von Raum, Materialität und Bewegung der jeweils unterschiedlichen räumlichen Ausgangspunkte, mit denen die Ritual-Architekturen dazu einladen, Reinigung als umfassenden Prozess zu begreifen. Spezielle Sounds stimulieren und beschleunigen, ähnlich wie Duft und Licht, den Prozess des Entspannens – eine Erkenntnis aus meiner eigenen, langjährigen Erfahrung mit Meditation und Mind Design. Die Präsentation erfolgt in den eigens dafür entwickelten SoundSpa Units. Mobile Einheiten, in denen die Besucher, ohne sich entkleiden zu müssen, die sofortige Wirkung erfahren können. Die Sounds werden dabei wiederum von Deckenprojektionen, Bildern der digitalen Atomisierung der jeweiligen Ritual-Architektur, unterstützt. Ein Update spiritueller Deckengemälde in Kirchen. Wenn Sie so wollen, definiert die Noises-for-Ritual-Architecture eine temporäre Zone zum Entschleunigen an öffentlichen Orten.

Wie stellt sich jemand, der lange die Entwicklung des Bads begleitet hat, das Bad der Zukunft vor?

Der erste Schritt ist schon getan. Das Badezimmer ist nicht mehr nur Nasszelle. Jetzt gilt es zu erkennen, dass das Bad mehr sein kann als nur Showroom. Das Bad ist der Ort der Orte. Jener Ort, an dem ich meinen Körper, meinen Geist und meine Seele pflegen und qualifizieren kann. Das Leben ist endlich und unser Körper ist die einzig relevante Ressource, um die es wirklich geht. Wer das einmal verinnerlicht hat, weiß, wie sein Bad der Zukunft auszusehen hat.

Schlichte Kontraste

Schrilles 60er-Jahre-Grün ist Vergangenheit. Das neu gestaltete Dachgeschossbad präsentiert sich nun architektonisch geradlinig, sehr modern und besonders hell. Die Dortmunder Planer realisierten in Zusammenarbeit mit der Firma artifex und dem Architekten Mike Schmiemann ein Projekt wie aus einem Guss.

Die Aufteilung konnte aufgrund des Dachs nicht großartig geändert werden und erscheint klar strukturiert. Die frei stehende Badewanne ist mit Blick zum Dachfenster ausgerichtet, gegenüber ruhen auf einer rechteckigen Waschtischplatte aus dunk-lem Eichenholz zwei runde Aufsatzwaschbecken aus glasiertem Stahl. Die Rahmen und Träger des Waschtischs bestehen aus kantigem Edelstahl und fungieren an den Seiten als Handtuchhalter.

Der Duschbereich mit Glaswänden und Regendusche befindet sich im hinteren Bereich des Badezimmers und wird durch das gegenüberliegende Fenster mit Tageslicht versorgt. Die Dusche steht auf einer weißen Bodentasse, unter der die notwendigen Versorgungsleitungen verlaufen, da die baulichen Gegebenheiten eine bodenebene Lösung nicht zuließen.

➡ Polierter Stahl, Glas und Kunst verleihen dem Bad eine fast männlich herbe Note.

⬇ Wie aus einem Guss wirkt der maßgefertigte Waschtisch mit seinen Stahlträgern.

INFORMATIONEN
Umbau/Renovierung im Bestand | Fertigstellung: 2007 | Grundfläche: 14,2 m^2

Ein in die Wand eingelassener Schrank mit Schiebetüren bietet ausreichend Stauraum und sorgt für ein aufgeräumtes Badambiente. Dunkelbrauner Naturstein auf dem Boden und in der Dusche, schlichte weiße Sanitärobjekte, dunkles Holz und klare geometrische Formen wurden mit der einzeln schalt- und dimmbaren Bodenbeleuchtung kombiniert.

Die übergreifend, konsequent einheitliche Kombination der Materialien, Formen und Farben in schlichten Kontrasten sorgt für ein stimmiges Gesamtbild. Das Badezimmer, früher ein Raum der raschen Körperhygiene, hat sich durch den Umbau in einen Ort der Entspannung verwandelt.

← Form follows function:
Die Badarmaturen sind zeitlos im Design und technisch ausgereift.

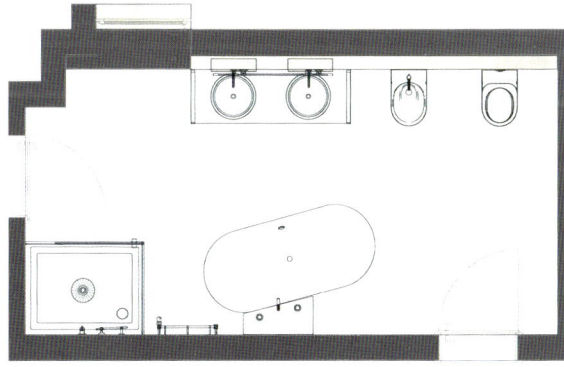

Grundriss M 1:75

Waschtisch und Waschbecken: Alape
Badewanne: Hoesch, Starck 1
Regenbrause Dusche: Hansgrohe Raindance
Toilette: Ideal Standard, Tonic
Möbel: Maßanfertigung
Armaturen: Vola

Auszeit im Home-Spa

Sich verändernde Wohn- und Lebenssituationen beeinflussen die Planung eines Badezimmers heute entscheidend, und längst hat sich das Bad vom alleinigen Waschraum zum Wohnraum gemausert. So auch bei einem Ehepaar aus Burgthann, das erleben musste, dass Tochter und Sohn das Badezimmer immer länger zum Schminken, Stylen und Zähneputzen blockierten. Der Wunsch nach einem zweiten Bad mit ausreichend Platz für einen Wellnessbereich entstand und konnte durch den Ausbau des Dachbodens realisiert werden. Das ehemalige Familienbad teilen sich jetzt die beiden Kinder.

Bestechender Mittelpunkt des neuen Raumes ist der Whirlpool. Körperpflege, Lesen und Dösen lassen sich in der großen runden Wanne wunderbar zum individuellen Entspannungsritual verbinden. Dahinter, abgeschirmt durch vorgefertigte und zum Teil verputzte oder gefliese Wandmodule, befindet sich auf einer Seite der Bereich für

INFORMATIONEN
Umbau/Renovierung im Bestand | Fertigstellung: 2005 | Grundfläche: 15,2 m²
Baukosten: 87.000 Euro

Nach der Renovierung besticht das Bad durch seinen großzügigen Duschbereich.

Bidet und Toilette. Auf der anderen Seite lädt im Duschbereich eine große Dampfdusche mit Schwallbrause und beheiztem Sitzplatz zu Pflege und Regeneration ein. Durch die Glastür und eine verglaste Öffnung in der Wand gelangt Tageslicht herein. Bei den Einbauten sind die innen liegenden Steckdosen für Zahnbürste, Fön, Rasierer sowie der Spiegel über dem Doppelwaschtisch mit Flatscreen und DVD-Player für den technikbegeisterten Hausherrn beachtenswert.

Der fließende Übergang zwischen den Bereichen zeigt sich nicht nur im Grundriss, sondern auch in der Auswahl der Farben und Materialien. Wandputz, Naturstein und Mosaikfliesen sind in einem zarten Cremeton gehalten, einen Kontrast bildet nur der Boden aus massivem Teakholz im Schiffsdeck-Look. Dieser hatte bereits im ersten Bad die Bewährungsprobe bestanden, sodass der Bauherr sich dieses Material auch hier gewünscht hat. Die Mischung aus ausgewählten Accessoires, Technik, Purismus und dezenter Ornamentik deutet auf einen lustvollen wie selbstbewussten Umgang mit unterschiedlichen Formen hin.

⬆ Schräg hinter der Rundwanne verbirgt sich der Intimbereich.
⬅ Rundum reine Formsache: Perfekt kreisrund zeigt sich die Badewanne und bietet damit auch komfortablen Platz für zwei.

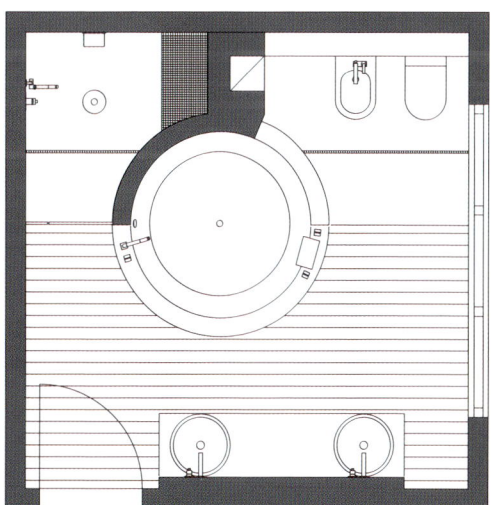

Waschtisch: Duravit, Starck 1
Whirlpool: Coers Baddesign
Toilette/Bidet: Ceramica Flaminia, Link
Waschtischunterschrank: Antonio Lupi
Armaturen: Dornbracht, MEM

Grundriss M 1:75

Origineller Stilmix

Wenn Häuser erzählen könnten, dann hätte dieses viel zu berichten. Auf einem riesigen Grundstück eines ehemaligen Landschaftsgärtners stand das Wohnhaus längere Zeit leer und verfiel zusehends. Anstatt das Gebäude abzureißen, wurde es von den Käufern dann aufwendig und mit besonderer Sorgfalt renoviert, um seinen ländlichen Charme zu erhalten.

Als beim Abbruch der mit Rigips verkleideten Innenräume durch Zufall Bruchsteinmauern entdeckt wurden, entstand bei den Badplanern die Idee, diese in allen Räumen sichtbar zu lassen. Die charakteristische Oberfläche und die unregelmäßigen Lichtreflexionen des Steins machen Räume interessant und einzigartig. Eine bauliche Gegebenheit, die schlichter und natürlicher nicht sein könnte, aber trotzdem viel Wärme ausstrahlt.

Der vor der Bruchsteinmauer frei stehenden Badewanne wurde eine massive Wand gegenüber gestellt, die den Duschbereich vom restlichen Badezimmer trennt. Das Materialkonzept ist konsequent umgesetzt und die verputzen Wände, das dunkle Parkett am Boden und das Weiß der Sanitärobjekte und Heizkörper bilden einen deutlichen Kontrast zum Bruchstein. Die komplette Einrichtung ist schlicht gehalten, wirkt aber durch die Liebe zum Detail behaglich.

➜ Die Wassersäule zieht einen förmlich ins Badezimmer.

⬐ Ein Waschtisch der besonderen Art: Auf einer maßgefertigten Säule thront das Handwaschbecken.

INFORMATIONEN
Umbau/Renovierung im Bestand | Fertigstellung: 2007 | Grundfläche großes Bad: 12 m^2
Grundfläche kleines Bad: ca. 7 m^2

Im gesamten Haus gehen Alt und Neu eine harmonische Verbindung ein, ergeben modernes Interieur und originale Bausubstanz eine spannende Mischung. Und so bietet vor allem das Badezimmer den geeigneten Rahmen, um sich auszuruhen und den Tag ausklingen zu lassen.

Grundriss kleines Bad
M 1:75

KLEINES BAD
Boden und Wände: Parkett und Feinputz
Waschtisch: Becken Alape, Block
Eigendesign und Maßanfertigung
Armatur Waschtisch: Vola, Standarmatur
Armatur Dusche: Vola
Keramik: Laufen, Palomba
Heizkörper: Zehnder, Charleston

⬆ Reduziert und von schlanker Gestalt präsentieren sich die Armaturen.

◤ In der Kombination mit modernem Design wirkt die Bruchsteinwand wie ein Gemälde.

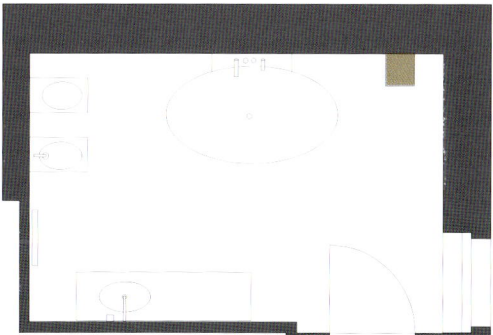

Grundriss großes Bad
M 1:75

GROSSES BAD
Boden und Wände: Parkett und Feinputz
Wanne: Falper, Scoop
Waschtisch: Falper, Shape
Armaturen: Vola
Keramik: Laufen, Palomba
Heizkörper: Zehnder, Charleston

Schlichter Luxus

Denkmalgeschütze Bauten werden oftmals schon aus rechtlichen Gründen zurückhaltend überplant. Eine große Zahl an Häusern aus den Zwanziger- und Dreißigerjahren jedoch wurde komplett umgestaltet. In der Regel geschah dies über Jahrzehnte hinweg, ohne Architekt und Konzept, was ästhetisch und die Raumorganisation betreffend zu unbefriedigenden Ergebnissen führte. Damit sahen sich auch die Bauherren konfrontiert, die ein solch für heutige

Verhältnisse „verbautes" Haus mit vielen kleinen Räumen renovieren wollten. Sie strebten dabei von vornherein an, die vorhandene Qualitäten des Gebäudes zu erhalten und nur dort Veränderungen vorzunehmen, wo es heutige Wohnansprüche an Stil und Modernität erforderten.

Das alte Bad war zwar vom Vorbesitzer renoviert worden, die angestrebte Nutzung als ansprechendes Tagesbad für die Kin-

INFORMATIONEN
Umbau/Renovierung im Bestand | Fertigstellung: 2007 | Grundfläche: ca. 19,5 m²

← Formalistisch: hochwertige Armaturen, die alle Sinne ansprechen.
↓ Altbau und neues Bad gehen eine gelungene Symbiose ein.

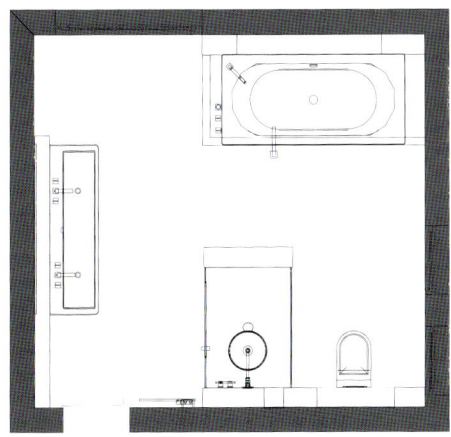

Grundriss M 1:75

Badewanne: Villeroy & Boch, Oberon
Waschtisch: Mineralwerkstein (Eigendesign und Maßanfertigung)
Armaturen WT, Badewanne, Dusche: Dornbracht, MEM
Heizkörper: Zehnder, Yucca
Dusche: Anfertigung auf Maß mit Mineralwerkstein und Glas
Weitere Materialien: Glas und Feinputz

der machte aber eine grundlegende Umgestaltung notwendig. Die klassische Kombination aus weißer Sanitärkeramik und ausdrucksstarkem Holz sollte hier neu interpretiert werden, und Großzügigkeit und Raum spielten bei der Planung eine besondere Rolle. Der elegante wie robuste Waschtisch aus weißem Mineralwerkstein ist ebenso groß dimensioniert wie der offene Duschbereich und die mit weißem Mineralwerkstein verkleidete Badewanne. Die verwendete Armatur mit breitem, flachem Auslauf setzt durch ihre neue, elementare Ästhetik starke Akzente. Alle Ablagen und Schränke sind handwerklich perfekt verarbeitet, in die Wände integriert und beleuchtet. Anderen Räumen im Haus entsprechend wurde im Badezimmer Parkett aus massivem Eichenholz verlegt, im Dusch- und Badbereich dunkelbrauner Naturstein. Die Wände sind überwiegend verputzt und wie die Decke in Weiß gehalten. Fenster und Türen wurden erhalten, restauriert und weiß gestrichen.

Das Ergebnis ist eine klare Formensprache mit klassischen Stilmerkmalen und spiegelt den Charme und Stil des Hauses wider. Dieses Badezimmer unterstreicht nachdrücklich, dass bei sorgfältiger Planung eine überzeugende und gleichermaßen atmosphärische Lösung entstehen kann.

↖ Wenn jetzt noch die Sonne scheint – dann ist das Badefeeling perfekt.
← Gekonntes Zusammenspiel von Materialien und Sanitärobjekten.

Glamourfaktor

Für seine großzügige Altbauwohnung in München wünschte sich der Bauherr ein extravagantes Bad mit ausgezeichneter Raumaufteilung und interessanten Details. Der Auftrag war eigentlich ganz einfach: Das Münchner Badplaner-Duo sollte ein Badezimmer entwerfen, wie man es so bisher noch nicht gesehen hat.

Die Planer verstanden es dann auch, der bestehenden Bausubstanz mit Feingefühl und Selbstbewusstsein zu begegnen. Herausgekommen ist ein Raum im glamourö-sen „GUCCI"-Style. Wer in der frei stehenden Luxusbadewanne aus auf Hochglanz polier-tem Holz im Zebralook ruht, fühlt sich wie ein Star und kann, dank der ergonomischen Form, ein entspannendes Bad allein oder auch zu zweit genießen. Durch ihre schöne Rundung, die hochwertige Verarbeitung und die natürliche Wärme des Holzes wird die Wanne zum zentralen Element und Schmuckstück des Badezimmers.

Für noch mehr Star-Gefühl sorgen die Flie-sen mit Krokoprägung an Wand und Boden.

→ Purismus gepaart mit barocker Pracht.
↓ Das Badezimmer ist aufwendig bis ins letzte Detail durchgestaltet.

INFORMATIONEN
Umbau/Renovierung im Bestand | Fertigstellung: 2007 | Grundfläche: 12 m^2 | Baukosten: 65.000 Euro

← Der Waschtisch als eigenwillige
    Synthese aus Design und Funktion.

Kroko ist angesagt und nicht von den Laufstegen der Modedesigner wegzudenken. Somit war es nur folgerichtig, dieses Muster hier konsequent umzusetzen.

Der Doppelwaschtisch mit schwarz lackierter Glasoberfläche, ein Spiegelschrank mit integriertem TV- und Hifi-System sowie Designheizkörper an den Wänden machen diesen Waschraum zu einem wahren Luxusbad. Rein gar nichts lässt erahnen, dass es sich um eine Renovierung in einem denkmalgeschützten Altbau handelt. Das Badezimmer sollte für sich allein stehen, und das scheint auf beeindruckende Weise geglückt zu sein.

Waschtisch: Maßanfertigung
Badewanne: Laguna
Waschbecken: Coers, Erato
Fliesen: Rex, Matouche
Armaturen: Dornbracht, LULU
Sonstiges: Designheizkörper Montecarlo

Grundriss M 1:75

Wasser

Wasser ist eine unserer wichtigsten Lebensquellen. Wasser ist Bewegung, kein Tropfen und kein Augenblick gleicht einem anderen. Wasser hat etwas Mythisches und ist der eigentliche Wohlfühlfaktor im Badezimmer – sowohl in seiner Anwendung als auch bei seiner sinnlichen Inszenierung. Besonderheiten wie der Duft der Seeluft, die Unendlichkeit des Meers oder das Gurgeln eines Bachlaufs wecken Emotionen und verleihen Wasser sein besonderes Flair. Dennoch spielt Wasser in einem Gebäude selten die Hauptrolle. Doch immer mehr Menschen sind auf der Suche nach einem Ort, an dem sie die Bedeutung von Wasser wieder erleben können. Das kann in dem klösterlich-sinnlichen Thermalbad von Peter Zumthor in Vals ebenso geschehen wie im privaten Wellness-Spa zu Hause. Es sind Orte, an denen sich die

Es sind Orte, an denen sich die Besinnung auf einfache Rituale ohne Umwege auf Geist, Körper und Seele legen.

Besinnung auf einfache Rituale ohne Umwege auf Geist, Körper und Seele legt. Das ist der Moment eines Philippe Starck. An solche archaischen Reinigungsrituale knüpft die Philosophie des Designers an. Der ursprüngliche und unverfälschte Charakter des Urelements Wasser findet bei ihm Ausdruck in einem gestalterischen Produktminimalismus. Ihn interessiert die Materie und nicht das Materielle. Mit seinen Produkten und Ideen zum Thema Wasser im Badezimmer will er damit an vergangene Zeiten erinnern und dabei eine gestalterische Brücke ins 21. Jahrhundert schaffen.

Philippe Starck ist eine lebende Legende. Schon immer galt sein Bestreben, Objekte und Orte zu entwerfen, die unseren Alltag verschönern. Seinen ersten Karriereschub erfuhr Philippe Starck, als er 1982 die Privaträume des damaligen Staatspräsidenten François Mitterrand im Élysée-Palast gestaltete. Der Aufstieg des Designers setzte sich rasant fort, sein vielfältiges Œuvre ist allgegenwärtig. Für seine Werke verwendet er vor allem organische Formen und Stromlinienformen, wobei er durch eigenwillige Komposition von Farben wie Schwarz, Silber oder Türkis und die Kombination von ungewöhnlichen Materialien wie Kunststoff, Aluminium, Samt und Chrom immer wieder für Aufsehen sorgt. Auf Fotos für seine Bücher und Kataloge präsentiert Philippe Starck mit Vorliebe sein eigenes Konterfei als Werbeträger und scheut sich auch nicht, dies als visuelle Marke zu nutzen. Die Person Philippe Starck als sein eigenes Produkt Philippe Starck, mit Leib und – noch mehr – Seele. Seit mehr als 30 Jahren verwöhnt er die Welt mit neuen Ideen, mit fließenden Formen, mit futuristischen Interieurs, Kreationen voller Poesie und Schmeichelhaftem zum Berühren. Die weltweit großen Museen präsentieren seine Arbeiten, und wahrscheinlich steht auch bei Ihnen ein echter Starck zu Hause, denn seine legendäre Zitronenpresse Juicy Salif, die in kaum einem designbewussten Haushalt fehlt, ist tausendfach verkauft worden. Zu seinen wohl bedeutendsten Arbeiten zählen die Inneneinrichtungen diverser Design-Hotels in New York und Hongkong – die ersten Klassiker einer völlig neuen Art von Hotels – und die Starck Eyes-Brillen von Alain Mikli, die eigene Schuhkollektion des Sportartikelherstellers Puma und vieles mehr. Selbst Häuser sind unter seiner Ägide entstanden, in Paris erstellte er mit der La Rue Starck gleich einen eigenen Straßenzug. Auch beim Segment „Designerbad" war Philippe Starck ideengebend und stilbildend, nicht zuletzt durch seine Arbeit für die Armaturen- und Brausenkollektionen für Axor, die Designermarke der Hansgrohe AG, für Sanitärkeramik, Badmöbel sowie Bade- und Duschwannen bei Duravit und für Badewannen bei Hoesch. Und immer wieder werden von ihm neue Trends im Bad gesetzt. Etwa mit seinem modulhaften Duschbereich oder mit seinem ehemaligen Konzept des „Salon d'eau", mit dem Ziel, „das Badezimmer neu zu denken als Ort, an dem man Spaß hat, wo man sich erholt, wo man mit der Liebe seines Lebens redet", so der Designer Philippe Starck.

Im Salon d'eau steht auch die Badewanne Starck X (siehe Bild) zum Probeliegen bereit.

Klassische Linienführung

Kontraste sind spannend. Und so wünschten sich die Bauherren, das Badezimmer der exklusiven Eigentumswohnung in einem alten Schloss in Münster in einen wohnlichen, jedoch pflegeleichten Raum mit angenehmen Farben umzugestalten. Die Planer verwirklichten dies auf bemerkenswerte Weise mit Feingefühl für die Bausubstanz und unter sorgsamer Verwendung von natürlichen Materialien.

Linien sind Sprache. Zweidimensional zu Papier gebracht ergeben sich Worte, dreidimensional umgesetzt entsteht eine Formensprache, die einen bleibenden Eindruck hinterlässt. Das aus diesen Vorgaben entwickelte Gestaltungskonzept für das Bad sah eine klare Linienführung sowie modernes Design vor. Die große Deckenhöhe bot die Möglichkeit, Dusche, WC und Badewanne um eine Stufe zu erhöhen. Das wiederum erlaubte, die Dusche bodengleich zu installieren, da sämtliche Technik in der Stufe verschwand. Ein fest stehendes Glaselement trennt den großzügigen Duschbereich ab.

Der Waschplatz besteht aus einem Ahornwaschtisch mit Schubladenelementen, einem Aufsatzbecken mit Wandarmatur und einer breiten Spiegelanlage. Daneben bietet ein passender Badezimmerschrank den gewünschten Stauraum. Die Acrylwan-

INFORMATIONEN
Umbau/Renovierung im Bestand | Fertigstellung: 2008 | Grundfläche: 9 m²

← In seiner Einfachheit klar und geradlinig wurde das Bad auf das Wesentliche reduziert bis zur Perfektion.

↙ Skandinavisch reduziert die Kombination aus Keramik, Stahl und Glas.

ne mit zweiseitigem Liegebereich wurde an der Stirnseite mittig positioniert und seitlich mit offenen Ahornregalen eingefasst. Als Bodenbelag dienen große, schwarze Schiefer-Feinsteinzeugfliesen, für die Wände im Spritzwasserbereich wurde eine Kombination aus satinierten Glaselementen und schlichten quadratischen Wandfliesen gewählt. Die verbleibenden Wandflächen sind mit einer glatten, pastellfarbenen Oberfläche beschichtet. Die Planer aus Münster übergaben den Auftraggebern ein modernes Wohlfühlbad, das sich perfekt in die Atmosphäre des alten Schlosses integriert.

◄ Formvollendet die frische Verbindung von Holz und Glas.

Grundriss M 1 : 75

Waschtisch: Maßanfertigung
Badewanne: Duravit, Starck
Waschbecken: Duravit, Vero
Toilette: Villeroy & Boch, Subway
Möbel: Maßanfertigung
Armaturen: Dornbracht, Meta 0.2
Fliesen: Feinsteinzeug Schieferoptik

Design auf kleinem Raum

Schon als die Bauherren das Architektenhaus vor etwa zehn Jahren erwarben, entstand der Wunsch, das Badezimmer zu modernisieren. Zuvor mussten jedoch einige Umbauten den Weg zum neuen Bad ebnen, das in einer puristisch reduzierten Optik mit wenigen Oberflächen- und Materialwechseln verwirklicht werden sollte. Der Grundgedanke war, auf kleinem Raum eine einfache, zurückhaltende Aufteilung von Dusche, WC und Waschtisch anzuwenden, um eine gewisse Großzügigkeit zu erhalten. Das Bad sollte funktional gestaltet und leicht und schnell zu reinigen sein. Daher wurde bei der Planung besonderer Wert auf ein Minimum an Fugen gelegt und

ein großformatiges Material für Wand und Boden ausgewählt: Im gesamten Badezimmer liegen lediglich drei große Platten auf dem Boden. Im Bereich der Dusche gehen diese Kunststeinplatten bis unter die Decke und verschaffen dem Raum eine Reduziertheit, ohne dabei langweilig zu sein – eine erkennbare Maserung sorgt für eine ansprechende Haptik. Die Decke wurde abgehängt, Strahler, Duschtrennwand und eine Regendusche sind darin eingelassen. Im Waschtischbereich wurde ein übergroßer eckiger Keramikwaschtisch angebracht. Der sondergefertigte Unterschrank ist mit einer breiten durchgehenden Blende versehen und lässt sich nach einer Druckbetätigung

INFORMATIONEN
Umbau/Renovierung im Bestand | Fertigstellung: 2009 | Grundfläche: 5,7 m²

◩ Die offene Anordnung der Einzelelemente schafft einen optischen Hochgenuss.

➡ Präzise bis ins Detail: der Vorrats-
schrank als Einbaulösung.

⬇ Die aufeinander abgestimmten
Produkte sind ideal für schöne
Lösungen auf wenig Raum.

mithilfe eines Elektromotors öffnen. Dieser sorgt auch für einen selbstständigen Einzug. Für weiteren Stauraum steht ein Schrankelement oberhalb der Toilette zur Verfügung, das ebenfalls ohne Griffleiste und über Druckbetätigung zu öffnen ist.

Für ein Badezimmer eher ungewöhnlich wurden alle Flächen glatt gespachtelt und mit weißer Farbe beschichtet, Wand und Decke gehen daher fließend ineinander über. Ein Badwärmekörper sowie eine Fußbodenheizung sorgen für Behaglichkeit, und regelmäßig ausgetauschte Dekorationselemente bringen Farbe und Abwechslung ins Bad.

Waschtisch: Maßanfertigung
Duschwanne: Bette, Floor
Waschbecken: Duravit, Vero
Toilette: Villeroy & Boch, Subway
Möbel: Maßanfertigung
Armaturen: Dornbracht, LULU / Deckenbrause Grohe
Fliesen: Kunststein grau

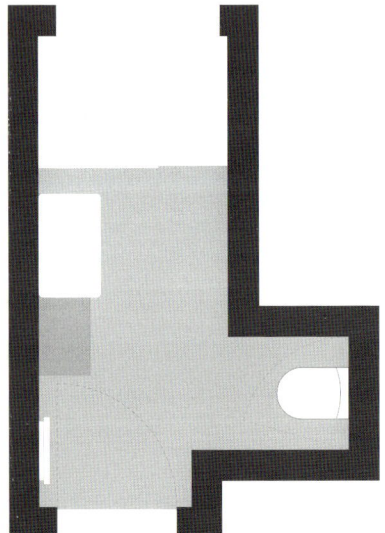

Grundriss M 1:75

Flair mit Naturstein

Der Lebensraum Bad gewinnt in der heutigen Zeit immer mehr an Bedeutung. Obenan steht die flexible Nutzung, jeweils angepasst an den Augenblick. Mal die schnelle Dusche, mal eine Stunde in der Wanne entspannen und sich mit modernster Multimediatechnik unterhalten oder informieren lassen. Wunsch der Bauherren war, aus zwei kleinen Räumen ein großzügiges Wohnbad zu bilden, ihm eine eigene Note zu verleihen und zu einer behaglichen Komposition zu verbinden. Dies sollte durch räumlich getrennte und dennoch offene Funktionsbereiche umgesetzt werden – Bereiche, die einerseits luxuriös gestaltet sind, aber eine tägliche Nutzung problemlos ermöglichen.

Die Solitäre gedanklich immer wieder neu zu kombinieren und schließlich zu einem Traumbad zusammenzufügen, war eine Herausforderung an die Planer. Realisiert wurde ein designorientierter Raum, der Entspannung und Wohlbefinden zweifelsfrei in den Mittelpunkt stellt. Dreh- und Angelpunkt der gesamten Badplanung ist die frei stehende Badewanne. Sie verbreitet einen Hauch von dezentem Luxus, ist Blickfang inmitten der privaten Wellness-Zone und verspricht dem Nutzer wohlige Entspannung. Eine frei stehende Wanne setzt allerdings ausreichend Platz und auch aufwendige Installationsarbeiten voraus – dies war durch das Zusammenlegen der Räume

➡ Als elegante Erscheinung präsentiert sich das Bad mit seiner frei stehenden Badewanne.

INFORMATIONEN
Umbau/Renovierung im Bestand | Fertigstellung: 2009 | Grundfläche: 22,9 m^2

gewährleistet. Zurückhaltend reduziert integriert sich hinter einer Schiebetür aus satiniertem Glas ein Ankleideraum sowie die Verbindung zum Schlafzimmer. Reduktion gilt auch für die Möblierung: Der geradlinige, puristische Doppelwaschtisch mit dem Unterschrank und die Kombination von drei gegenüberliegenden Hängeschränken werden durch einen Lichtspiegel und Wandleuchten perfekt belichtet. Durch eine Chromreling werden Seifenspender, Zahnputzbecher, Kosmetikutensilien und Handtuchhalter ergonomisch in Griffnähe gehalten. Wie die sonstigen Funktionen weist auch der Duschbereich wichtige Elemente barrierefreier Architektur auf: Die bodengleiche Duschwanne verbindet auf besonders elegante Weise Komfort und Ästhetik durch eine granitverkleidete Ablaufrinne. Eine große Glaswand öffnet sich dem Raum; hier wird Duschen mit viel Bewegungsfreiheit bei einem Brauseregen oder einem pulsierenden Massagestrahl zum täglichen Erlebnis. Und die Bauherren sind mit den markanten eckigen Formen und den Details ihres Bads vollauf zufrieden.

← Marmor im Duschbereich
setzt Akzente und wertet das
Wohngefühl auf.

↙ Klassisch edel erscheint das
Badezimmer mit Marmorfliesen.

Waschtisch, Möbel, Spiegel: Antonio Lupi, Panta Rei
Badewanne: Repabad, Vasa
WC und Bidet: Duravit, Starck
Armaturen: Dornbracht, LULU
Accessoires: Dornbracht, LULU
Deckenleuchte: Deltalight, Boxy
Einbauleuchte: Deltalight, Heli
Glaswand, Schiebetür: Sonderanfertigung
Granitplatten: Jupparana, Colombo

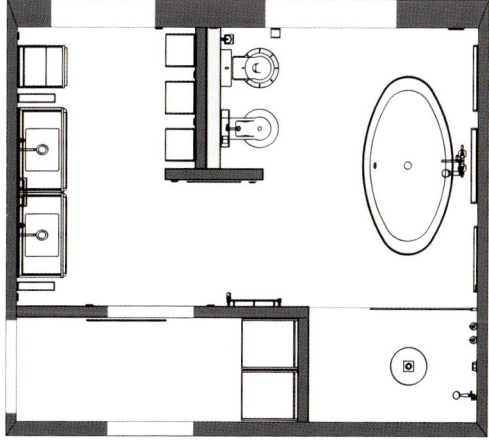

Grundriss M 1:100

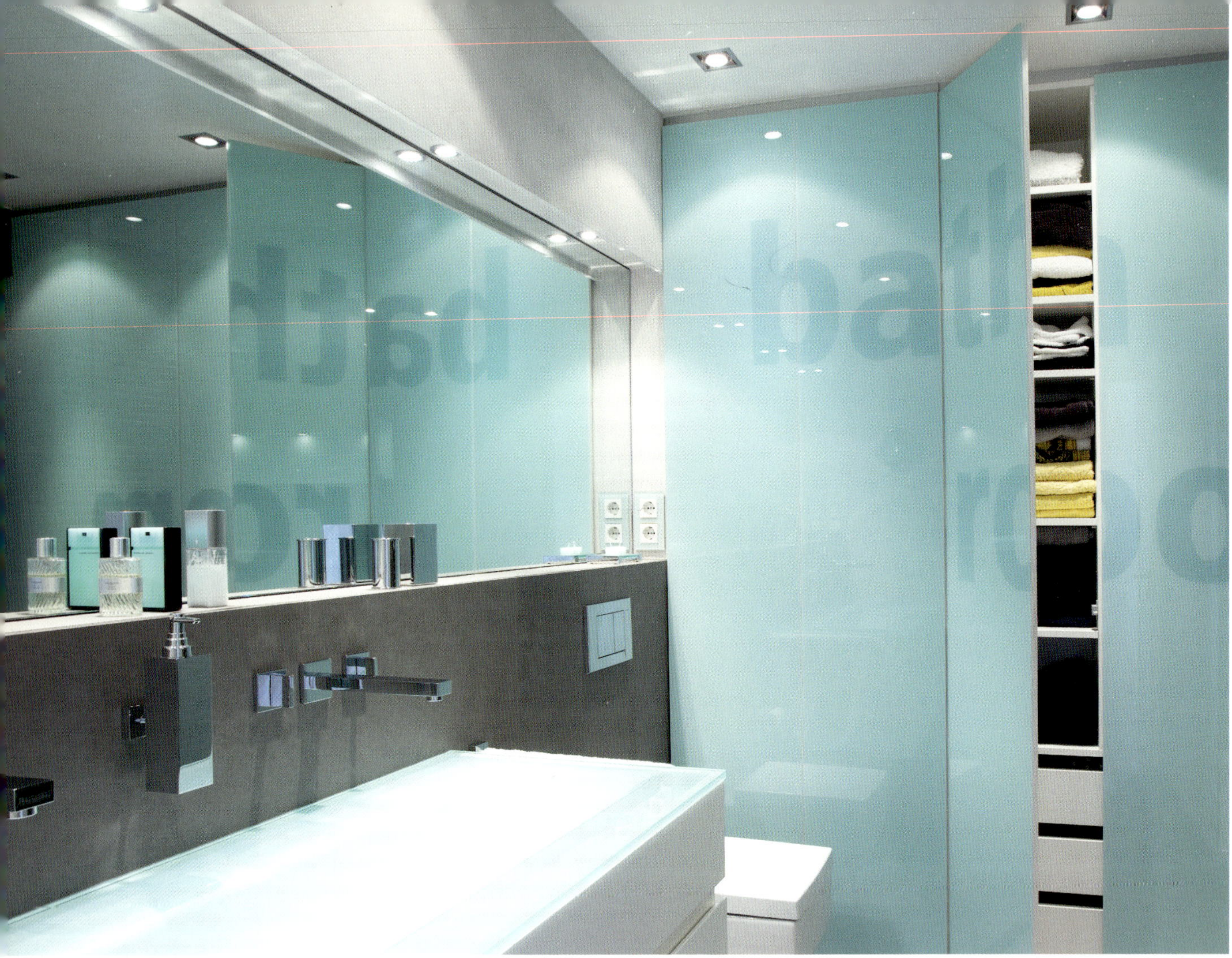

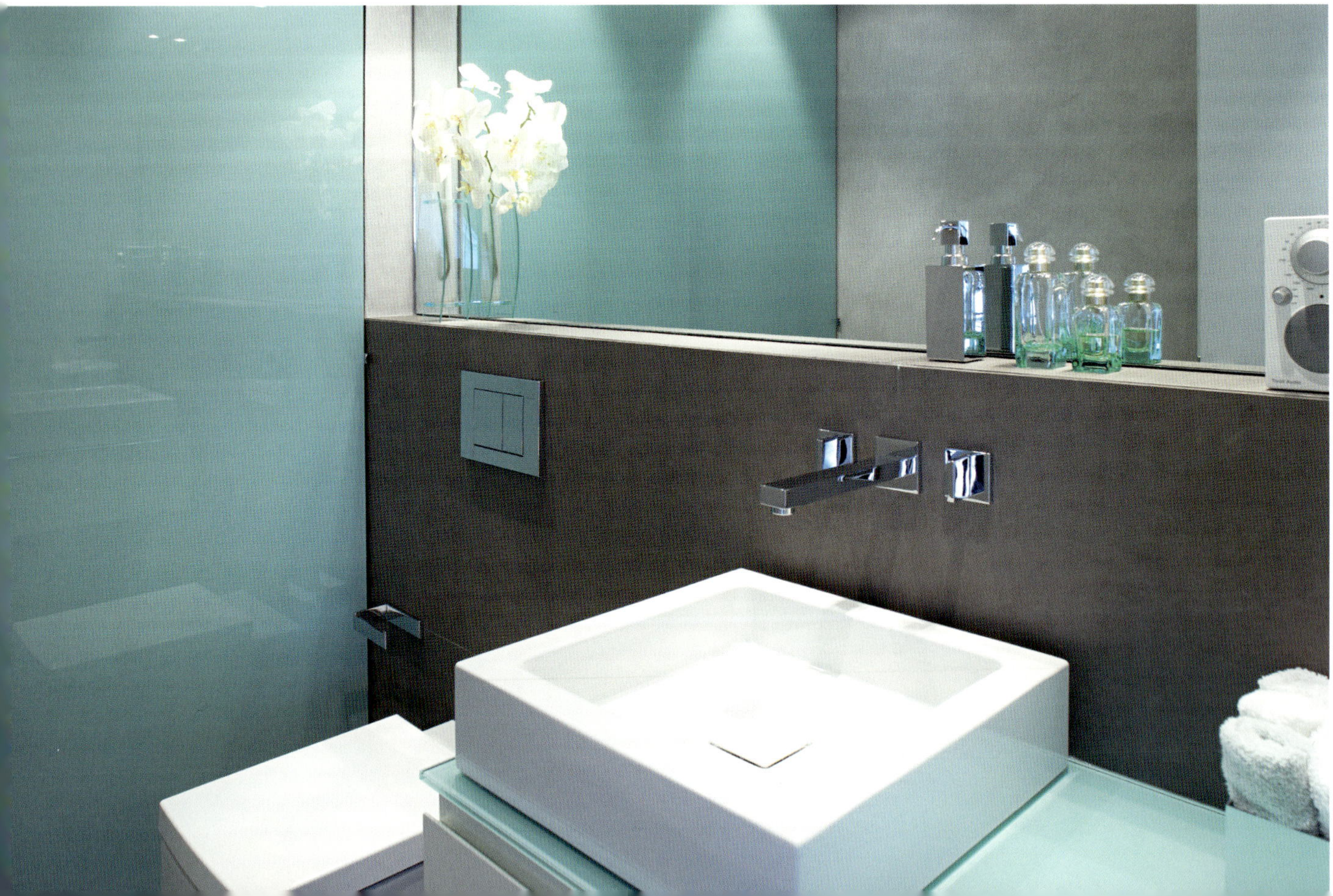

Wie im Hotel

Wie sich die Zeiten ändern … Brachte man früher Bademäntel und Kleiderbügel als Souvenir aus einem Hotel mit nach Hause, so sind es heute Ideen und Anregungen zu Architektur, Design und Einrichtung, die man dort während des Aufenthalts gesammelt hat. Mit der Aufgabe, aus einem kleinen Bad etwas so Spannendes wie in einem der angesagten Design-Hotels zu zaubern, wurden die Planer aus Leverkusen betraut: Aus einem Funktionsbad sollte ein Bad mit Hotel-Charakter und großer Dusche werden. Die Vorstellungen konkretisierten sich bei der Umsetzung in einer großzügigen, bodengleich gestalteten Duschanlage mit Regenbrause samt ausreichenden Ablagemöglichkeiten. Ein separater, durch gläserne Schranktüren abgeschlossener Stauraum bietet ausreichend Platz für alle Badeutensilien. Mit dem lackierten Schriftzug „bathroom" auf den Türen wird auch eine Hotelidee aufgegriffen und ein visuelles Highlight gesetzt. Die Waschtischanlage im Bad sollte von zwei Personen gleichzeitig zu nutzen sein, weshalb zwei Armaturen eingeplant wurden. Die Spiegelanlage sitzt in einer Nische über dem Waschtisch und läuft über die komplette Wandfläche, dimmbare Einbaustrahler sorgen für eine optimale Ausleuchtung. Der illuminierte Vergrößerungsspiegel und das Unterputz-Radio waren Wünsche der Bauherren und unterstreichen den Hotel-Charakter des Badezimmers.

INFORMATIONEN
Umbau/Renovierung im Bestand | Fertigstellung: 2008 | Grundfläche: 8 m^2 | Baukosten: 70.000 Euro

← Klare Formen und Linien sorgen für ein zeitlos schönes Bad mit puristischem Charakter.

Für Gäste steht im Untergeschoss ein WC im selben Hotel-Look zur Verfügung, die darin verwendeten Farben und Oberflächen wurden dem Bad in der oberen Etage angeglichen. Das ebenfalls im Obergeschoss liegende Gästezimmer grenzt an ein Gäste-WC, das komplett in pink lackiertem Holz ausgeführt wurde. Im Zusammenspiel mit einem dunklen Parkettboden entstand daraus ein echtes Bad-Highlight und ein ideales Beispiel dafür, dass sich der Mut zur Farbe auf kleiner Fläche auszahlt.

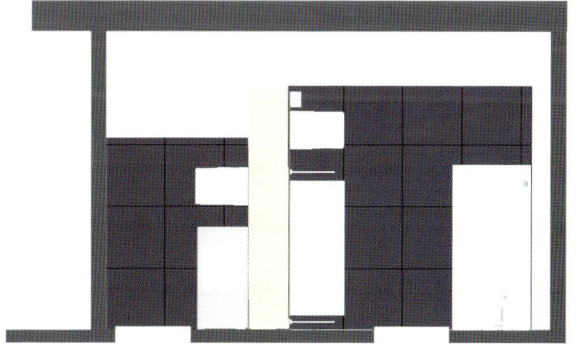

Grundriss M 1:75

Waschtisch: Maßanfertigung
Badewanne: Duravit
Waschbecken: Glaswaschtisch Ardino
Toilette: Duravit, Vero
Möbel: Maßanfertigung
Armaturen: Dornbracht
Sonstiges: Unterputz-Radio Gira,
Waschtische Gäste-WC Alape

Wannenbad pur

Eleganz, Logik, Ordnung – dies sind nur einige Begriffe, mit denen Meisterwerke der Moderne immer wieder assoziiert werden. Wer schon einmal Häuser von Le Corbusier oder Mies van der Rohe besucht hat, weiß, wie inspirierend und beruhigend diese sein können. Von den Grundzügen der großen Meister hat sich das Kölner Planungsbüro leiten lassen, als es beauftragt wurde, das Badezimmer einer Immobile aus der Gründerzeit mit Deckenhöhen bis zu drei Metern zu gestalten. Die Aufgabenstellung lag darin, aus einem kleinen Bad mit Wanne ein klar strukturiertes Wohnbad mit ausgegliedertem Gäste-WC zu erstellen. Die Bauherren wünschten zudem eine große Wanne und eine großzügige bodenbündige Dusche, die mit einer Sitzfläche ausgestattet sein sollte. Um das Bad offen zu gestalten, wurde auf eine Abtrennung verzichtet. Durch die Hinzunahme des Flurs und das Versetzen der Schlafzimmerwand wurde erreicht, dass der Bauherr direkt vom Schlafzimmer ins Bad gehen kann. Da sich nach dem Umbau ein innen liegendes Bad ergab, wurden zu Schlafzimmer und Flur hin Oberlichter eingeplant, die für Tageslicht aus den angrenzenden Räumen sor-

↗ Trotz abgetrennter Bereiche wirkt alles wie aus einem Guss.

↘ Wohnaccessoires verleihen dem Bad eine individuelle Note.

INFORMATIONEN
Umbau/Renovierung im Bestand | Fertigstellung: 2008 | Grundfläche: 20 m² | Baukosten: 80.000 Euro

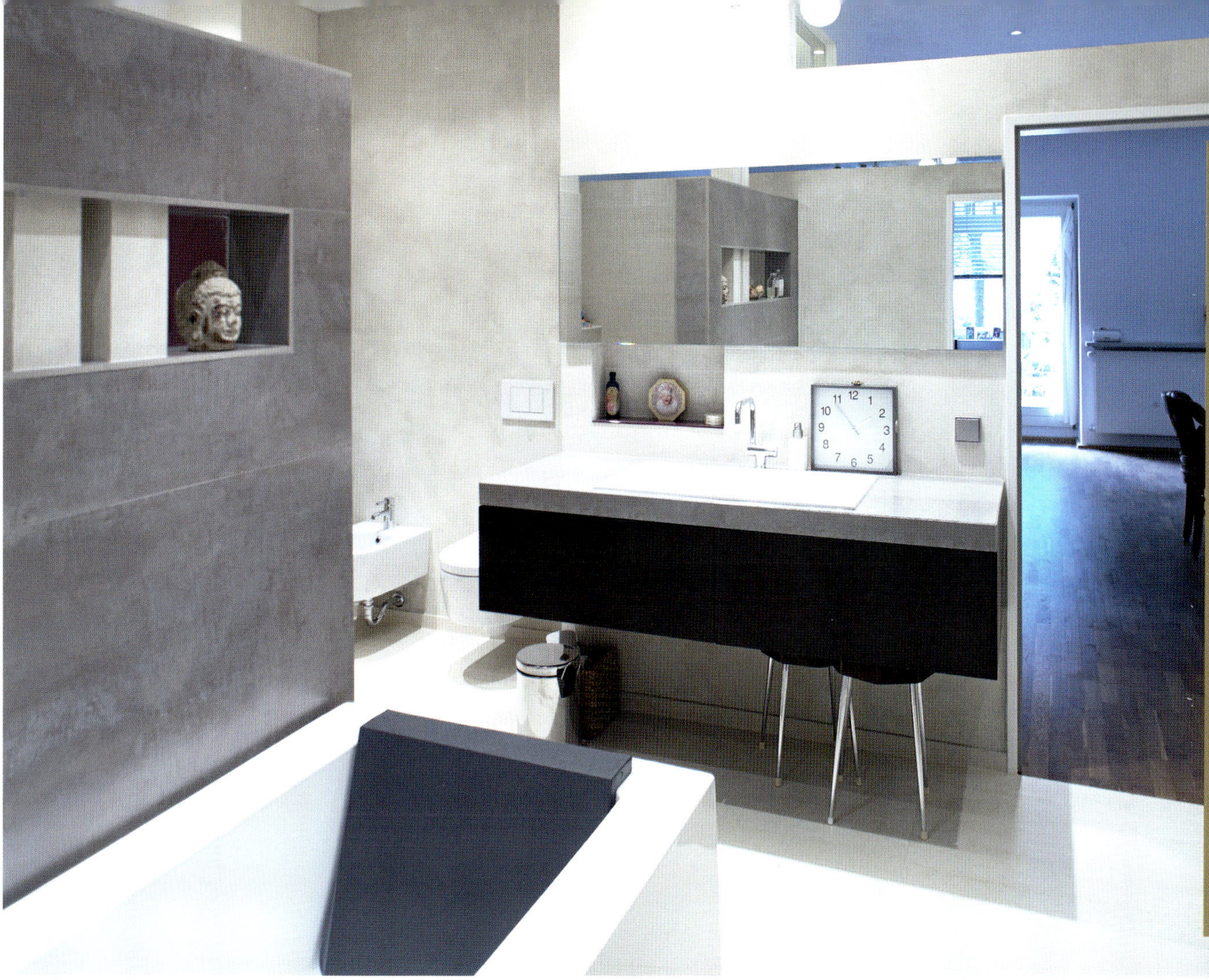

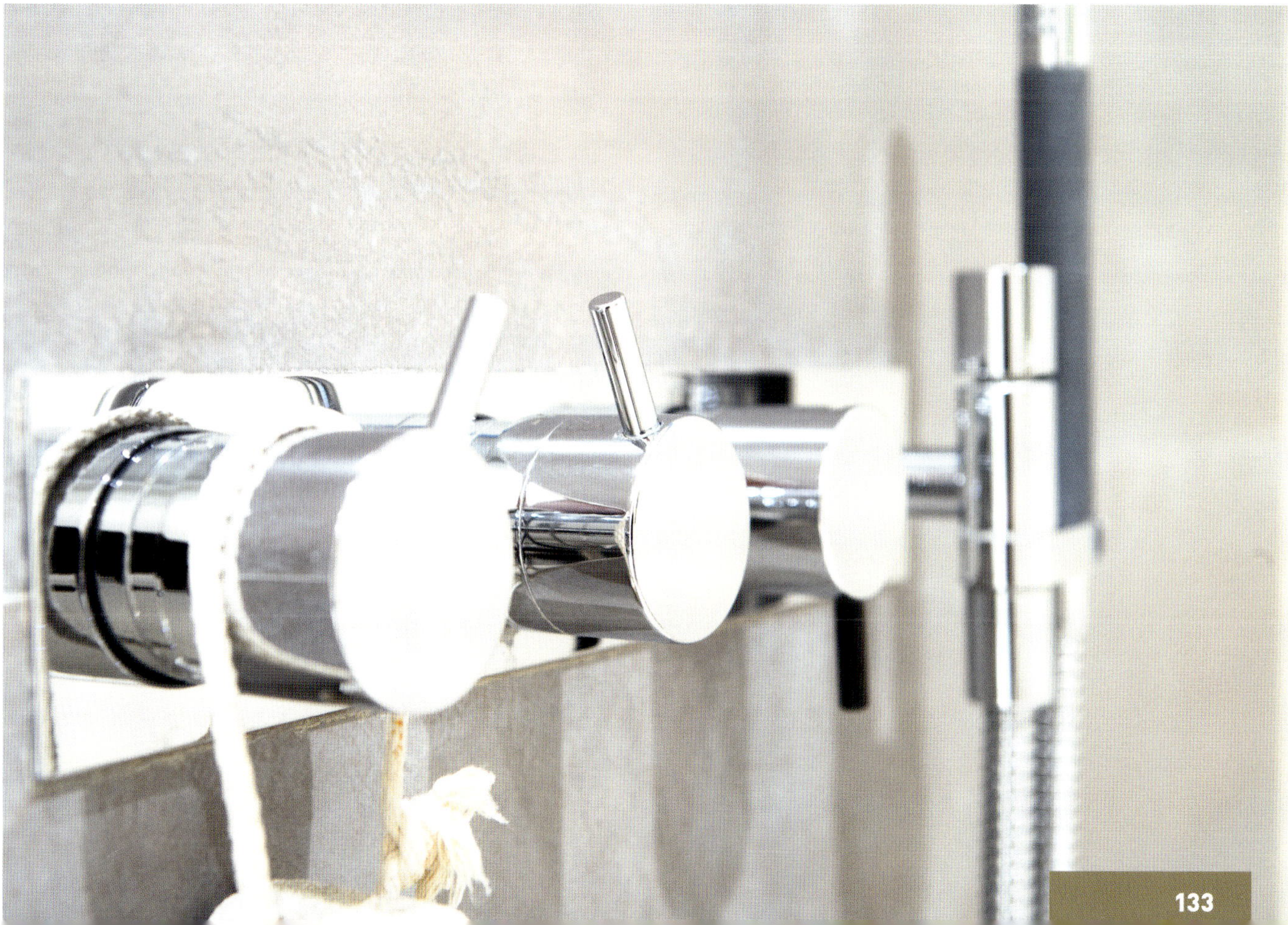

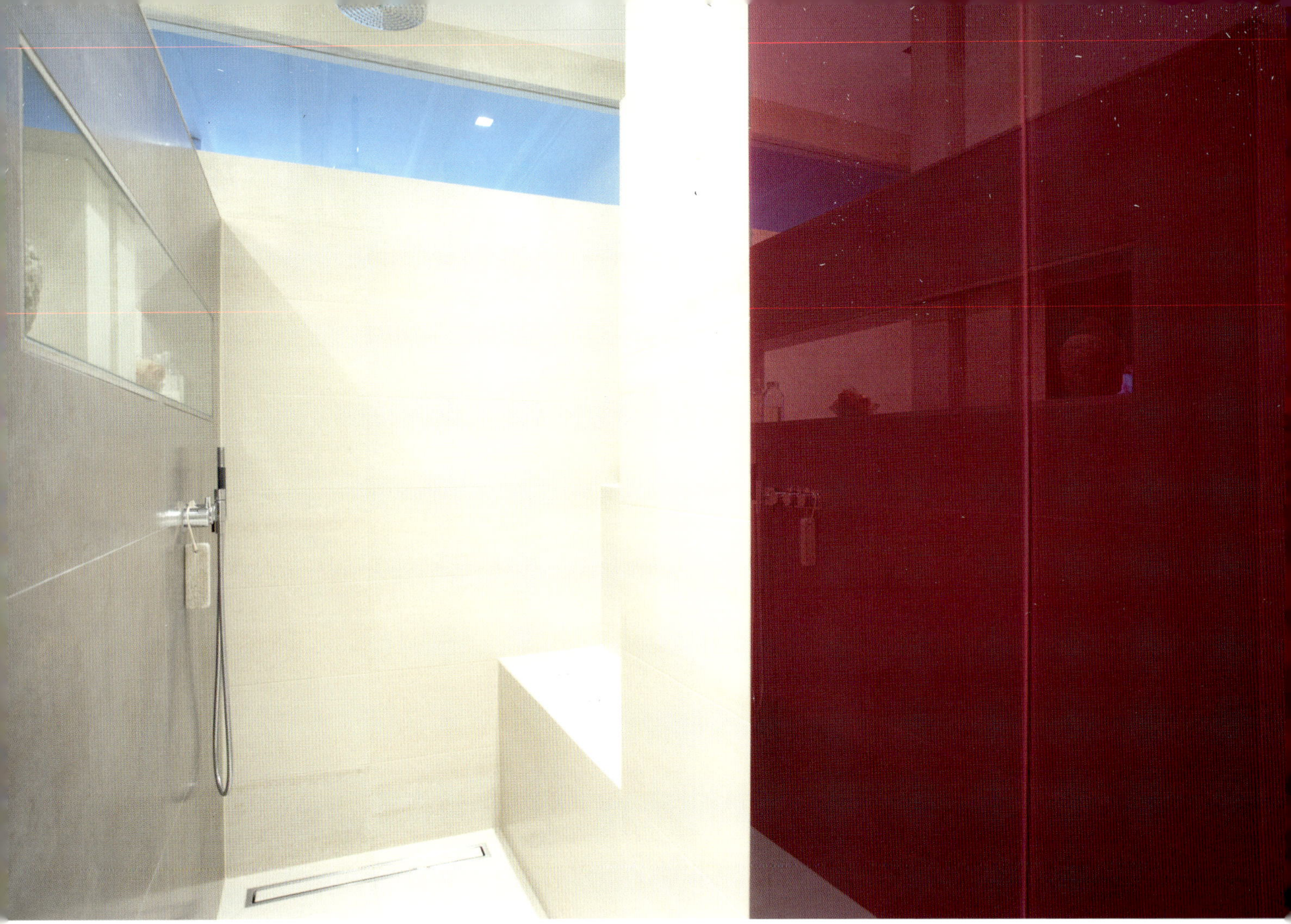

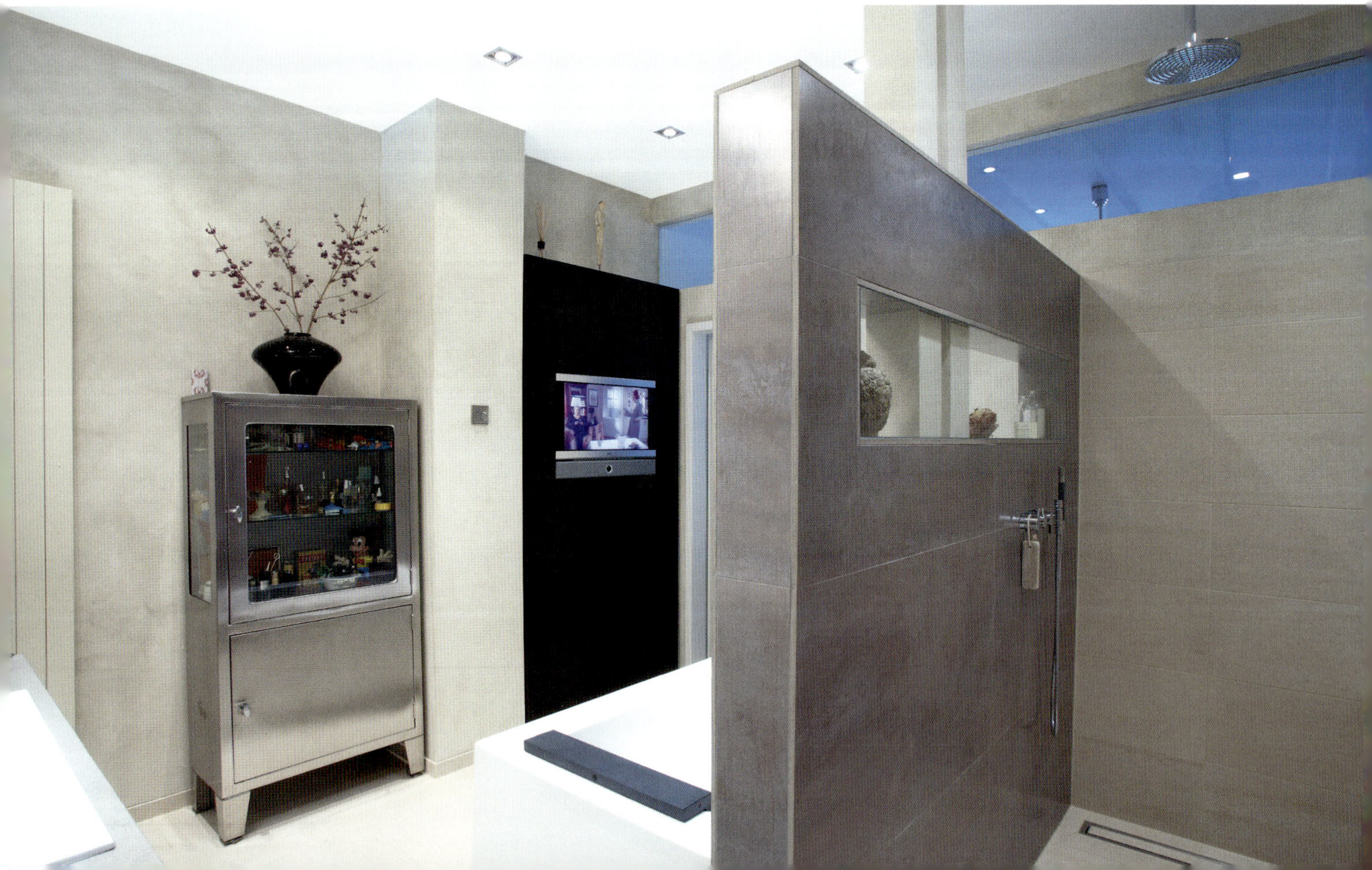

← Einen besonderen Akzent setzen die farbigen Glasoberflächen.
↙ Der Duschbereich ist in angenehmer Schlichtheit gestaltet.

gen sollen. Sämtliche Nischen werden nun als Stauräume nutzbar. Für Gäste wurde im Zuge des Umbaus ein separat zugängliches WC geplant. Durch eine Multimedia-Ausstattung und verschiedene Lichtquellen wie indirektes Deckenlicht, Einbaustrahler und LED-Beleuchtung kann jede beliebige Stimmung erzeugt werden. Lackiertes Glas in Nischen und als Schrankfront unterstreichen den eleganten Raumeindruck. Reduzierte Farben, glatte Oberflächen und eine klare Aufteilung bestimmen den Entwurf des Wohnbads.

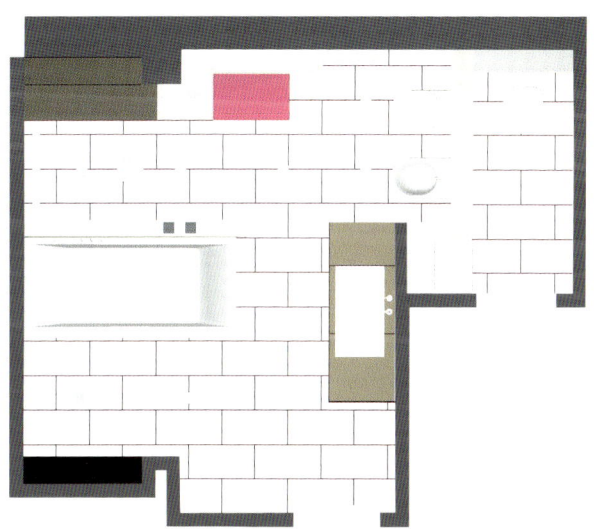

Grundriss M 1:75

Waschtisch: Maßanfertigung
Badewanne: Sanikal, KOS
Waschbecken: Alape
Toilette: Flaminia
Fliesen: Porcalonsa, Feinsteinzeug
Möbel: Maßanfertigung
Armaturen: Vola
Sonstiges: Flatscreen Loewe

Quelle der Inspiration

Das Badezimmer fungiert auch als Quelle der Inspiration, denn neben dem Körper soll sich auch der Geist vom stressigen Alltag erholen dürfen. Dazu tragen ein entsprechendes Ambiente sowie eine gelungene Materialwahl und Farbgestaltung entscheidend bei.

In einem Münchner Mehrfamilienhaus sollte das Bad neu gestaltet werden. Die Schwierigkeit bei diesem Projekt lag in der denkmalgeschützten Bausubstanz. Den Planern gelang aber der Spagat vortrefflich, zwischen diesen baulichen Gegebenheiten und dem Ziel, einen modernen, neuesten technischen Ansprüchen genügenden Bad-

bereich zu schaffen. Bei der Konzeption des Projekts ließen sich die Planer von asiatischen Wohlfühlkonzepten und der Feng-Shui-Lehre inspirieren: Dunkelgraue Feinsteinzeugfliesen, weiß polierte Flächen und schlichtes Glas sind die Grundkomponenten einer Umgebung, in der man von nichts abgelenkt werden und zur Ruhe kommen kann. Ein geräumiger Duschbereich mit Regenbrause ist gegenüber der Badtür platziert und farblich durch schiefergraue Steinzeugfliesen abgesetzt. Damit stilistisch alles zueinander passt, können die Duschutensilien in einer integrierten Wandnische abgestellt werden. An die Dusche anschließend hängt der kubische Waschtisch mit zwei

INFORMATIONEN
Umbau/Renovierung im Bestand | Fertigstellung: 2008 | Grundfläche: 5,6 m^2 | Baukosten: 37.000 Euro

← Das Bad wird zu mehr gebraucht als nur zum Waschen.

↓ Technisch perfekt das Zusammenspiel der Materialien.

Grundriss M 1:75

Aufsatzwaschbecken frei schwebend an der Wand. Blickfang ist die hinterleuchtete Spiegelnische, die mit einem asiatisch roten Lack noch einen farblichen Akzent setzt. Abschluss des Raums ist eine Sitzbank, die direkt vor dem hohen Fenster auch als Ablage dient. Alle Gestaltungselemente, ausgenommen Armaturen und Waschbecken, sind für das Badezimmer individuell angepasst und auf Maß gefertigt worden. Mit dezenten Mitteln und einem klaren planerischen Konzept konnte selbst unter schwierigen Bedingungen ein nicht alltäglicher Ort der Entspannung entstehen.

Fliesen: Mosa, Mongres, mittelgrau / strukturiert
Armaturen: Hansgrohe, Axor Uno 2 und Starck X
Waschtischanlage: Duravit, Second Floor
Waschtischunterschrank und Sitzbank:
Eigenentwurf weiß/seidenmatt bzw.
amerikanischer Nussbaum, Bau durch Schreiner
Spiegelanlage: auf Maß gefertigt, Hinterleuchtung
Leuchtstofflampen warm-weiß
mit farbiger Folienabdeckung
Duschanlage: Dallmer, Duschrinne Ceraline W
Duschabtrennung: Maßanfertigung Glaserdusche
Lüftung: Maico ECA geräuscharm
Heizung: elektrische Fußbodenheizung
mit Raumthermostat
Schalterprogramm: Jung alpin-weiß

← Ideal, um den Abend mit einer
wohligen Dusche ausklingen zu
lassen.
→ Ausgesuchte Materialien und
hochwertigste Verarbeitung für
ein Bad, das höchsten Ansprüchen
gerecht wird.

Traumbad vier Jahreszeiten

Die Möglichkeiten und Variationen sind groß, um das eigene Luxusbad zu einem Unikat zu machen und eine luxuriöse, heimische Atmosphäre auszustrahlen. Hierbei waren die Ansprüche an die Planer vielfältig – zusammengefasst wurde von den Bauherren ein „Traum vom Bad" gewünscht. Dazu wurde der Raum neu eingeteilt und an einer Seite erweitert, um Platz für einen Wintergarten samt Badewanne als eigentlichen Mittelpunkt des Bads zu schaffen.

Ohne Zweifel sind Wintergärten reizvoll und vielfältig nutzbar – in der hier vorgestellten, großzügig bemessenen Badgestaltung dominiert dabei eine frei stehende Designerwanne das Geschehen. Die Glasflächen lassen viel Licht bis tief in das Badezimmer hinein. Das hebt das Wohlgefühl, und da erscheinen auch trübe Tage nicht so düster. Augenfällig auch die Gestaltung und weitere Aufteilung des Raums: Beim Interieur wurden große Natursteinplatten mit aqua-

➡ Zusätzlicher Stauraum ist geschickt hinter mosaikgefliesten Fronten versteckt.

⬇ Blick durch das gesamte Bad zum großen Wintergarten, wo man den ganzen Tag den Ausblick genießen kann.

INFORMATIONEN
Umbau/Renovierung im Bestand | Fertigstellung: 2008 | Grundfläche: 45 m^2
Baukosten: ca. 70.000 Euro

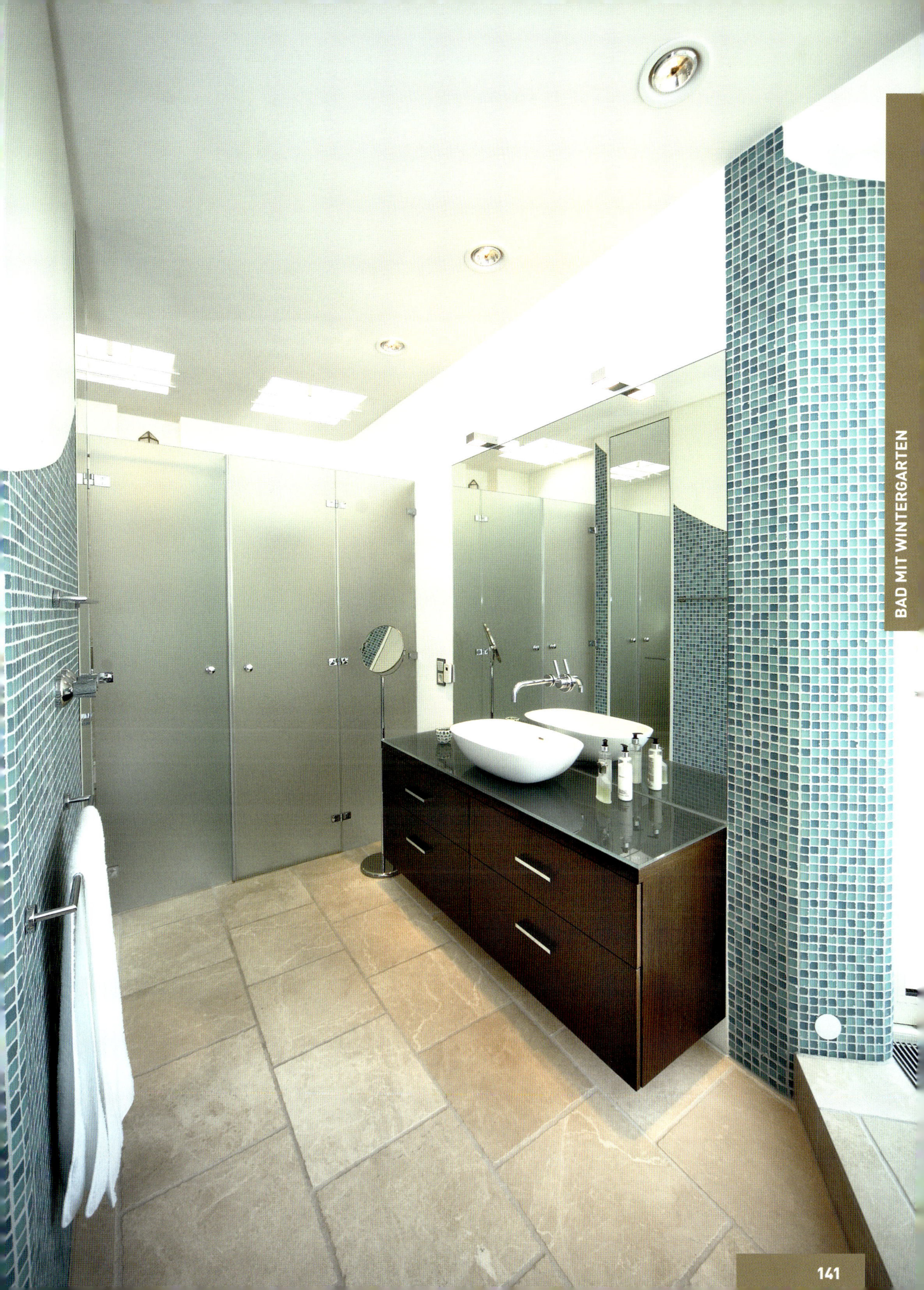

marinfarbenen und meergrünen Fliesen, Edelstahl, mattiertem Glas und dunklen Möbeln mit indirektem Licht kombiniert. Optimal gelöst wurde hierbei die Einteilung in Funktionsbereiche: Badezone und Waschplatz sind offen im Raum, Duschzone und ein Bereich für die Intimpflege wurden räumlich abgetrennt. Hinter satinierten Glaswänden befindet sich der Duschbereich mit Regendusche, Massage- und Handbrause. Getrennt ist auch der WC-Bereich. Die Kühle der hier verwendeten Glasflächen wird durch die kunstvolle Fliesengestaltung der Wände gemildert. Zum Teil wurden auch die in die Wand eingelassen Auszugschränke – unsichtbar – mit dem Fliesendekor verkleidet. In mediterranen Ländern, wo Kachelbilder ganze Wände bekleiden, wird das Fliesenlegen als Kunstform betrachtet. So fügt sich die farbige Fliese effektvoll in das Badezimmer mit modernem Charakter ein, da die Farbwahl nicht mit den modernen Elementen konkurriert.

In diesem Badezimmer erlebt man die Natur ringsum hautnah und fühlt sich verbunden mit dem Wechselspiel der Jahreszeiten. So ist der Raum zu einem „Frühling-Sommer-Herbst- und Wintergarten-Badezimmer" geworden. Baden wird hier zum Genuss.

← Für Genießer: Baden ganz nach Lust und Wellenschlag.

Waschbecken: Falper
Badewanne: Falper
Möbel: Maßanfertigung
Armaturen: Dornbracht, Tara Logic

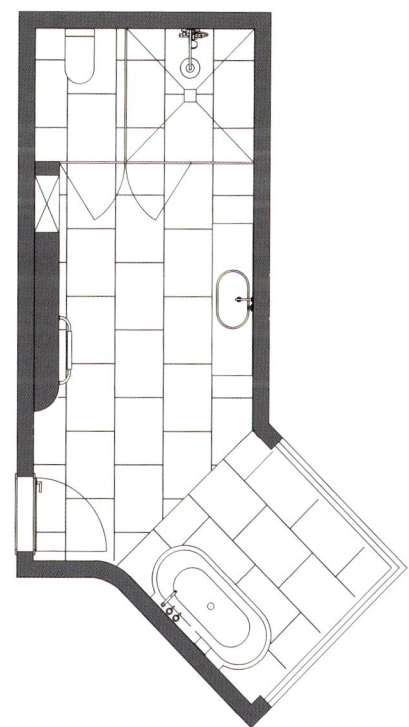

Grundriss M 1:100

Schräg gedacht

Der Umgang mit der Dachschräge bei Badezimmern im Dachgeschoss gestaltet sich oft problematisch – auch unter einem Dach benötigen Sanitärobjekte, Spiegelflächen und Stauraum ausreichend Wandfläche. Doch bietet die Schräge nicht nur Nachteile, sondern hat als Außenfläche in Bezug auf die Belüftung und die Versorgung mit Tageslicht Vorteile.

Das alte Badezimmer war ein langer Schlauch mit Dachschrägen. Anstatt in einer kleinen und abgeschlossenen Einheit zu denken, hat der Oldenburger Badplaner diesen Raum als großzügiges Badezimmer mit Anbindung an das Schlafzimmer konzipiert. Hierzu wurde die ehemalige Eingangstür zugemauert, um dort Platz für die Installation eines Wand-WCs zu schaffen. Zusätzlich wurden die Wände zum Schlafzimmer herausgebrochen, wodurch genügend Platz entstand, um dem Bade- wie Schlafzimmer ausreichend Luft zu geben. Bad und Schlafraum sind nun durch einen etwa 1,20 Meter breiten Durchgang verbunden. Dort, wo sich vorher der alte Waschtisch

INFORMATIONEN
Umbau/Renovierung im Bestand | Fertigstellung: 2006 | Grundfläche: 8,9 m²
Baukosten: 28.000 Euro

← Formschön sind hier am Waschtisch alle Leitungen verborgen.
↓ Eine dezente Möblierung schafft Raum und Luft.

befand, kann der Bauherr sein Bad vom Schlafraum aus betreten. Aufgrund der gewünschten Großzügigkeit wurde zugunsten eines Duschbereichs auf eine Badewanne verzichtet. So bietet die rechteckige Glasdusche Komfort in Größe und Ausstattung und wirkt aufgrund ihrer Transparenz und des zusätzlichen Fensters wohltuend zurückhaltend und hell. Unter der Duschtasse wurde wie im gesamten Bad eine Fußbodenheizung verlegt. Auf diese Weise verdunstet das Wasser nach dem Duschen schneller, und an den Fenstern im kühleren Schlafzimmer schlägt sich kein Wasserdampf nieder. Zur Belichtung des Raums tragen das neue Dachfenster unter der Dachschräge und moderne, in den Boden integrierte LED-Leuchten bei. Komplettiert wird die gesamte Neugestaltung durch maßgefertigte Einbaumöbel und das schwarz-weiße Farbkonzept mit roten Akzenten. Jeder Winkel wurde optimal genutzt und die formschönen Sanitärobjekte wie Designmöbel sorgen für wohligwarme Entspannung auch in schrägen Lagen.

➡ Auf Maß gefertigt und mit eigenem Fenster wirkt der Duschbereich leicht und luftig.

Waschtisch mit Waschbecken: Design badgestalten.
Toilette: Duravit, Starck 2
Dusche: HSK, Noblesse
Accessoires: Handtuchständer: Dornbracht, Frottierware: Rhomtuft, Sonstige: Decor Walther
Möbel: Maßanfertigung
Armaturen: Waschtisch: badgestalten., Dusche: Dornbracht, Meta.02

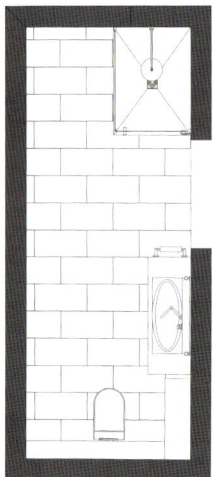

Grundriss M 1:75

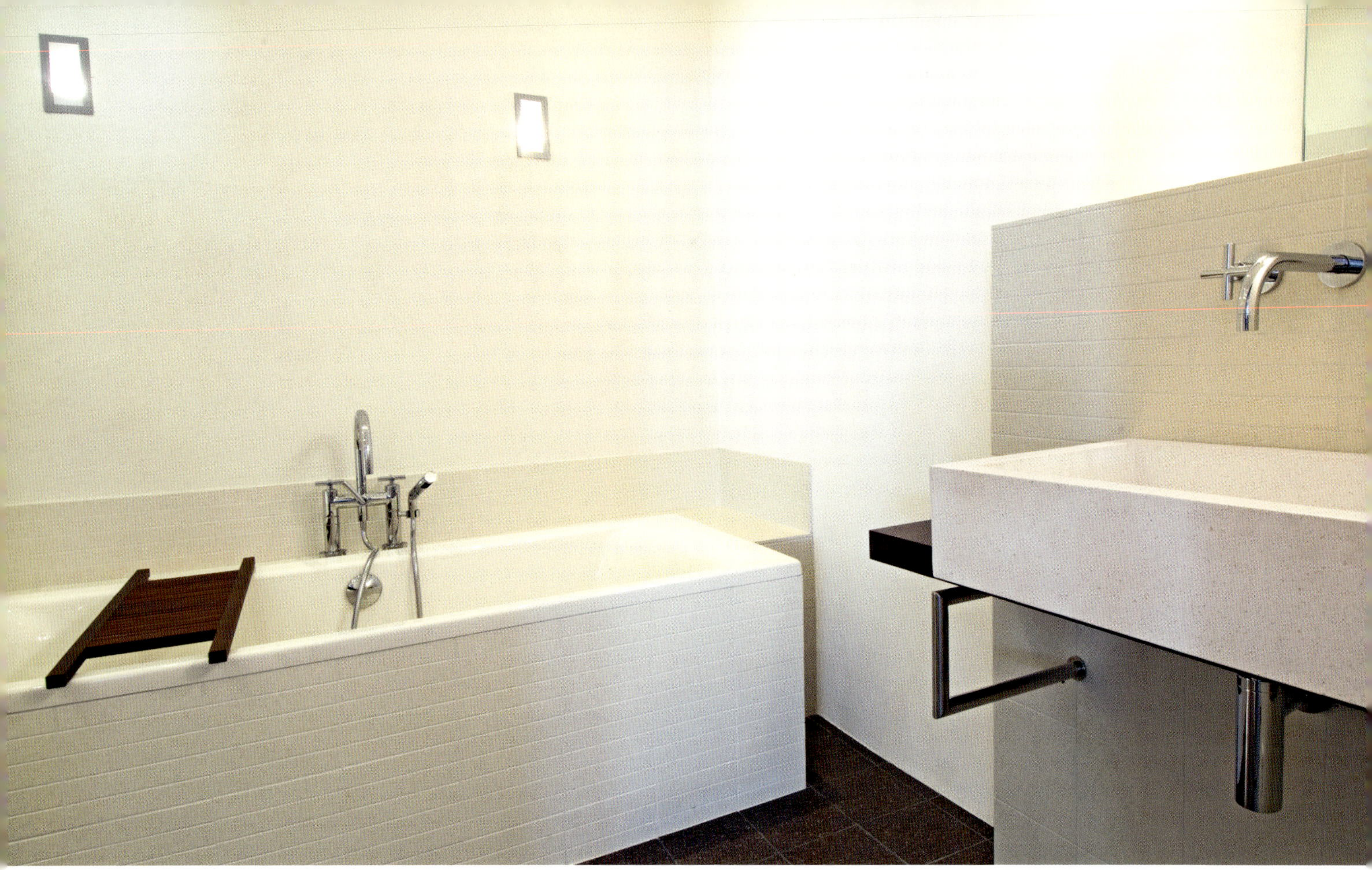

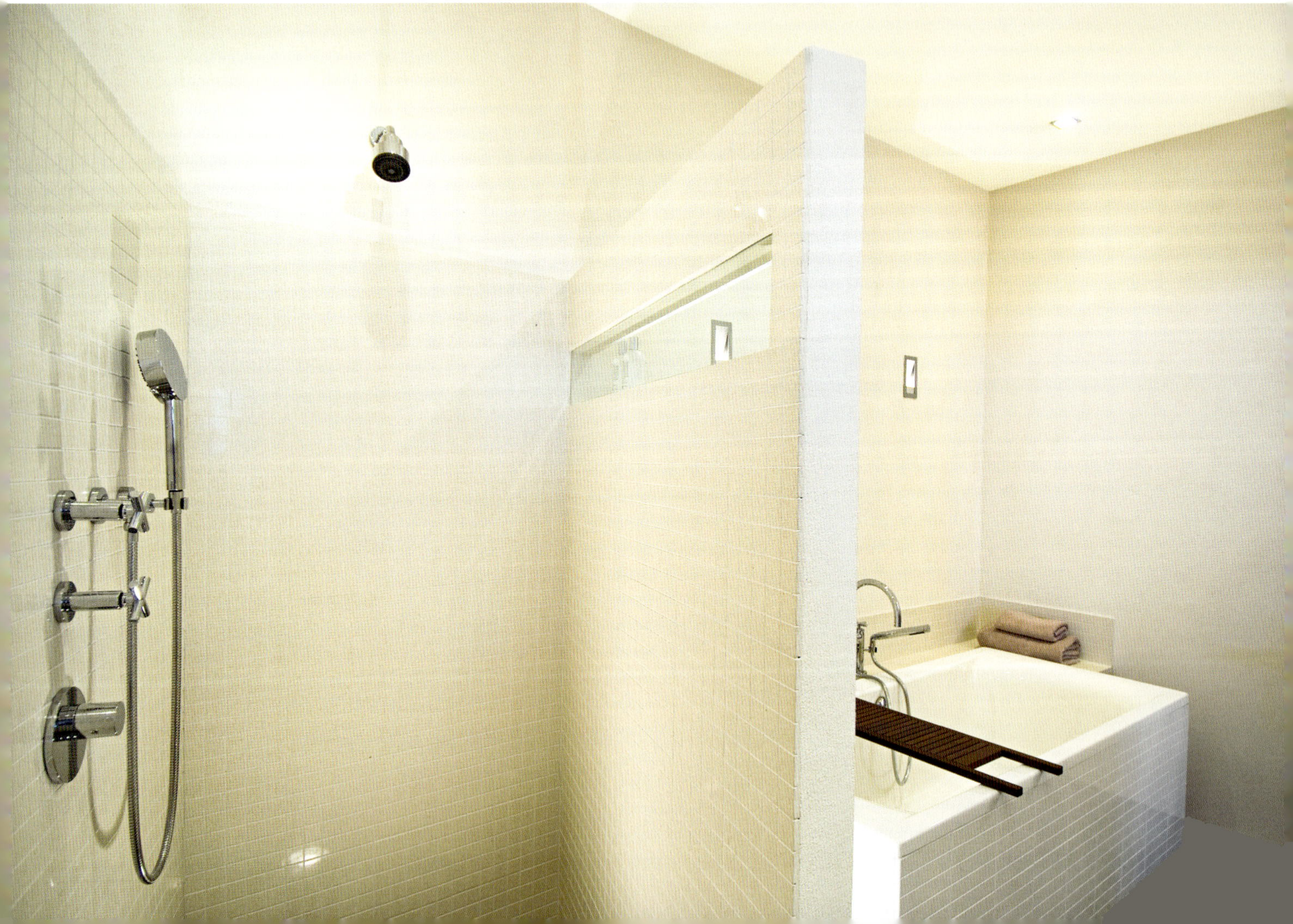

Form, Funktion und Komfort

Perfektion liegt im Detail. Aber wann ist eine Badeinrichtung perfekt? Wenn auf den ersten Blick alles zusammenpasst, oder man beim genauen Betrachten, zum Beispiel aus der Badewanne heraus, immer wieder neue Perspektiven entdeckt? Die Gestalter des Bads überprüfen daher nicht nur jedes Detail ihrer Planung auf Installation und Funktion, sondern schauen nicht zuletzt auch einmal unter den Waschtisch.

Trotz des Grundrisses, der nur einen einzigen rechten Winkel aufweist, ist hier ein Badezimmer mit einer geradlinigen und reduzierten Gestaltung entstanden. Eine zentral im Raum platzierte Badewanne wird von großzügigen Ablageflächen umgeben,

die es ermöglichen, Handtücher, Kosmetik und Accessoires ganz zwanglos auszubreiten. Der mit einer etwa zwei Meter hohen Wand abgetrennte Duschbereich sollte ohne Glaswand auskommen und dennoch nicht „eingemauert" wirken. So entstand eine bequeme „Walk-In-Dusche", die mit einem wandbündigen Glaselement in der gemauerten Abtrennung den Blickbezug in den Raum hinein ermöglicht. Eine um 90 Grad versetzte Vormauerung trägt einen Waschtisch aus massivem Wenge-Holz, darauf ein rechteckiges Waschbecken aus gegossenem Marmor-Terrazzo. Auch Boden und Wände sind mit Fliesen aus feinkörnigem Marmor-Terrazzo belegt – am Boden im Farbton Wenge, an den Wänden

INFORMATIONEN
Umbau/Renovierung im Bestand | Fertigstellung: 2004 | Grundfläche: ca. 8 m²

◤ Formschöne Ablageflächen offerieren Platz für diverse Badutensilien.
◄ Der großzügige Duschbereich wird durch eine halbhohe Wand mit Sichtfenster vom Bad getrennt.

in Elfenbein – und ergeben eine sehr ruhige, zurückhaltende Farbkombination. Um die Wanne und am Waschtrog wiederholen Fliesen in Riemchenoptik die horizontalen Raumlinien. In der Dusche wurden kleinere Mosaikformate verwendet, die weiteren Wandflächen mit wasserfestem, naturbelassenem Feinputz versehen. Selbst die rein funktionalen Elemente wie Leuchten und Armaturen sind harmonisch in das Designkonzept integriert. Kleine quadratische Decken-Einbauleuchten sorgen für die Grundausleuchtung des Raums, ein Bodeneinbau-Strahler setzt den Kontrapunkt und hebt die Decke optisch an. Zwei Wandeinbau-Strahler und die filigranen Hängeleuchten rechts und links des Waschbeckens lassen den Raum luftig und leicht wirken.

Wenn wie hier, trotz kleiner Fläche, Form, Funktion und Komfort an jeder Stelle des Bads Hand in Hand gehen, dann spricht man wohl zu Recht von Perfektion.

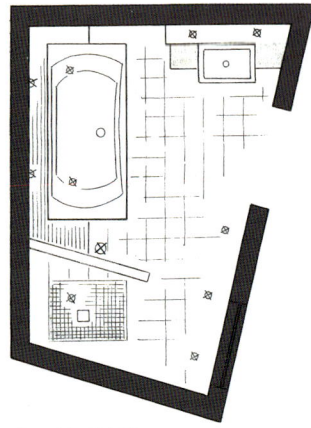

Grundriss M 1:75

↖ Die ausgeklügelte Beleuchtung
   ist eine gelungene Facette der
   Badgestaltung.
← Der Waschtisch mit seinen Ablage-
   flächen bietet ausreichend Platz.
→ Funktional und formschön bleibt
   bei der Armaturen-Serie kein
   Wunsch offen.

Wand- und Bodenfliesen in div. Formaten: MIPA
Waschtrog: Maßanfertigung, MIPA
Waschtischplatte: Sonderanfertigung
Konsolen Edelstahl: Marmor Schubert
Badewanne: Repabad
Armaturen: Dornbracht
Accessoires: Decor Walther, Pom d'or
Textilien: Leitner
Leuchten Decke: Delta
Leuchten Wand: WACO
Leuchten Waschtisch: Steng

Starker Auftritt

Das neu erbaute Architektenhaus, herrlich inmitten von Natur und Grünanlagen am Rande von Lübeck gelegen, besticht durch seine puristische Gestaltung und sein edles Interieur. Dem sollte auch das Badezimmer entsprechen, und die Bauherren wünschten sich einen Ort der Ruhe und Entspannung mit wohltuendem Ambiente und einem dezenten Einsatz puristischer Elemente.

Die klare Raumaufteilung wird durch das bodenbündige Duschelement mit transparenten Glaswänden unterstrichen. Die Dusche ist ohne Erhöhung komfortabel zu begehen, die Reinigung der Glaselemente wird durch schlichte innenbündige Beschläge deutlich erleichtert. Der nahtlos gefertigte Mineralsteinwaschtisch mit einer Seitenwange bietet auf der Innenseite der Dusche ausreichend Abstellfläche für Kosmetikartikel. Dekorativ, elegant und kraftvoll die Wandgestaltung: Im Duschbereich wurden Feinsteinzeug-Riemchen verwendet, an der Waschtischrückwand bringen mit Bruchstein aus Quarzit versetzte Wände den markanten Waschtisch stilvoll zur

➡ Die Bruchsteine sind nicht nur von Hand zu einem homogenen Mosaik gesetzt, sondern auch farblich „komponiert" worden.

⬇ Als elegante Erscheinung präsentiert sich die Kosmetikwand mit ihrer indirekten Regalbeleuchtung.

INFORMATIONEN
Neubau | Fertigstellung: 2008 | Grundfläche: ca. 16 m²

Geltung. Die in die Wände handwerklich eingearbeiteten Nischen bieten Abstellflächen und werden in den Abendstunden durch indirektes Licht in Szene gesetzt. Die Rückseiten der Nischen sind ebenfalls mit Feinsteinzeug-Riemchen belegt und verleihen dem Raum optische Tiefe. Unterhalb der Nischen wurde eine unsichtbare Wandheizung installiert, die mit dem auf Maß angefertigten Edelstahl-Handtuchhalter die Handtücher komfortabel erwärmt und trocknet. Der Wandputz in Terrastone, in Farbe und Haptik einzigartig, vereint die besonderen Materialien und das Interieur zu konsequentem Design mit wohltuender Stimmung.

◄ Der harmonisch wirkende Bruchstein, an der Wand verlegt, mutet warm an.

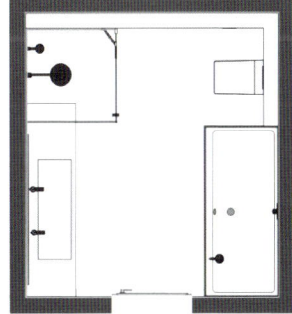

Grundriss M 1:75

Toilette: Duravit, Vero
Armaturen: Axor, Citterio
Waschtisch: Mineralstein, Design BAD ELEMENTE
Glasdusche: Sprinz
Wandputz: Terrastone

Private Heaven

Design ist nicht nur das Feilen an der Form, sondern ein unternehmerisches Gesamtkonzept. Christian und Michael Sieger wissen, dass ein Entwurf allein zum Erfolg nicht ausreicht und übernehmen für ihre Kunden, je nach Wunsch, den kompletten Aufbau einer Corporate Culture oder das gesamte Marken- und Designmanagement. Sieger Design gehört zu den führenden Unternehmen im Bereich Baddesign in Deutschland und arbeitet seit über 20 Jahren erfolgreich mit namhaften Herstellern der Branche zusammen.
Christian Sieger, geboren 1965 in Münster, stieg nach seinem Studium und mehreren Praktika im Design- und Managementbereich 1990 in das Unternehmen seines Vaters ein. Seit 2003 leitet er zusammen mit seinem Bruder Michael, der für den kreativen Part zuständig ist, das Unternehmen. Neben der Geschäftsführung ist Christian Sieger im Unternehmen für den administrativen und technologischen Support der Kreativen zuständig. In dem nachfolgenden Interview beantworten Christian und Michael Sieger Fragen rund ums Baden:

Die Marke Sieger Design steht ja schon seit geraumer Zeit für herausragende Produkte und Qualität. Wie würden Sie sich hierbei sehen und was begeistert Sie – täglich aufs Neue – bei Sieger Design?

CS: Ich sehe uns hier in einer recht einmaligen Situation. Unser Unternehmen fuhren mein Bruder und ich heute in 2. Generation und können so auf einen Erfahrungsschatz von gut 45 Jahren zurückblicken. Auch wenn wir natürlich selber erst seit 20 Jahren an Bord sind, so konnten wir doch schon von Kindesbeinen an mitbekommen, was es heißt, kreativ zu sein und Kunden für Produkte (damals Architektur) zu begeistern. Heute bin ich stolz darauf, dass wir ein Team haben, das sehr interdisziplinär zusammenarbeitet und auch komplexe Fragestellungen schnell lösen kann. Aber was wäre ein guter Berater ohne innovationswillige Kunden? Da haben wir zum Glück ein paar spannende Partner, mit denen wir zum Teil auch schon über 20 Jahre erfolgreich zusammen arbeiten.

Ihr Unternehmen versteht sich als Seismograf kultureller Entwicklungen. Was inspiriert Sieger Design bei deren Arbeit und Entwicklung?

MS: Alles. Das ist eine der schönsten Seiten an meinem Beruf, dass es eigentlich nichts gibt, was einen nicht inspirieren kann – außer natürlich der Tristesse eines verwahrlosten Bahnhofs. Ob es ein abendlicher Theaterbesuch ist, die aktuelle *Vogue*, ein Bummel durch Paris oder der Blick auf die Ägäis. Ich sauge alles Schöne, Emotionale und Ungewöhnliche in mich auf und interpretiere dies in der Diskussion mit meinem Bruder und den verschiedenen kreativen Teams im Hause.

Mit „Private Heaven" haben Sie über das Produkt hinaus ein ganzheitliches Bad- und Wohlfühl-Konzept erstellt. Was war die Idee dahinter?

MS: Wenn wir uns ansehen, wie sich das „öffentliche" Leben in den Familien in den letzten Jahren gewandelt hat: alle wollen eine offene Küche mit frei stehendem Kochblock und großem angrenzendem Küchentisch.

Dann war klar, dass sich auch im „privaten" Bereich des Wohnens etwas ändern sollte. Die Produkte, die wir in den letzten Jahren realisiert haben, tragen aber nur bedingt zu einer besseren Badekultur bei, wenn wir die Zeit in dem Raum nicht genießen und so kurz wie möglich halten. Was nützt mir aller Komfort, wenn ich nicht mal die Möglichkeit habe, mich zu setzen und einen Augenblick zu verweilen? Wenn meine Frau in der Wanne liegt, werde ich sicherlich stehend nur ein kurzes Gespräch führen; wenn ich aber auf dem Bett liegend mit ihr direkt sprechen kann, hat das eine ganz andere Qualität. Das Bad muss zum aktiven Lebensraum werden und sich von seiner reinen Funktionalität lösen. Das Schlafzimmer können wir zum Teil ins Bad transferieren. Das Bad mit seinen funktionsbedingten Bezügen kann jedoch nicht ins Schlafzimmer wandern. Wenn beide Räume aber verbunden werden, gewinnen beide an Qualität und damit steigt die Verweildauer.

Das Bad gilt als idealer Ort, in dem man sich wohlfühlt. Ist Ihr eigenes Bad auch Ihr „privates Himmelreich"?

MS: Unbedingt. Für mich der Ort, der mich positiv einstimmt auf den Tag und ihn abends genussvoll abrundet. Schöne Naturmaterialien wie das Palisander-Holz meiner Badmöbel, die Maserung des Marmors, der Blick über den Waschtisch hinaus in einen schönen Garten – das ist schon ein bisschen Eden auf Erden.

Haben Sie Produkte der Marke Sieger Design darin?

CS: Ja sicher, aber wir beide haben es auch wieder mit Eigenbauten kombiniert. So können wir in unserem eigenen Bad auch schon wieder Produkte für die nächsten Entwicklungen austesten.

Welchen Stellenwert haben Materialien und Oberflächen für Sie? Sind Sie vom Typ her eher für Holz oder für Keramik zu gewinnen?

MS: Ich liebe alle natürlichen Materialien. Holz für den Boden, da dieser einfach nie kalt ist, und Marmor für den Waschtisch in Kombination mit einem Emailbecken oder einem markanten Keramikbecken. Alles eine Frage des Mixes – aber genau das macht ja einen Raum erst spannend.

Oftmals unterscheiden sich Bäder aufgrund des Budgets und der Raumgröße gravierend von den Bädern, die uns in Hochglanzbroschüren entgegenkommen. Was würden Sie in wenigen Worten einem privaten Bauherrn empfehlen?

CS: Fragen Sie sich, welche Aufgabe welcher Raum später haben wird und entscheiden Sie dann, für wen ist was wichtig. Baue ich ein Haus, um Gäste zu beeindrucken, die für einige Stunden pro Woche/Monat bei mir verweilen, oder ein Haus für meine Familie und mich? In welchem Raum darf ich auch mal ich selbst sein, wo tanke ich auf (Sauna), wo darf ich mal im Mittelpunkt stehen (große Dusche), wo denke ich auch mal an mich (Fitnessgerät)? Sicherlich lassen sich auch einzelne Themen außerhalb der eigenen vier Wände abbilden, aber dann teile

ich mir die Sauna mit Fremden und das Thema Fitness verdränge ich zu schnell. Sicherlich ist es immer noch eine Frage des Budgets, auch wenn ich dem Raum mehr Größe zugestehe, aber vielleicht schaffe ich es mit intelligenten Grundrissen, das Platzangebot optimal zu nutzen. Ein großes Fenster mit viel Tageslicht kostet nicht entschieden mehr, eine Fußbodenheizung ist Genuss auch auf kleinster Fläche. Aus einer guten Dusche lässt sich mit integrierter Sitzbank auch ein Dampfbad realisieren. Eine große Tür verbindet das Bad mit dem Schlafzimmer und macht so aus einer Nasszelle einen privaten Wellnessbereich.

In der Realität trifft man auf vielfältige Tipps und Angebote im Internet wie im Baumarkt. Ist man hierbei nicht überfordert? Und warum ist aus Ihrer Sicht ein Badplaner zu empfehlen?

CS: Genau aus diesem Grunde. Das Angebot und die Möglichkeiten der Umsetzungen sind so vielschichtig, dass man nicht in der Lage ist, hier allein den Überblick zu bekommen. Und nichts ist schlimmer, als wenn man nach Fertigstellung feststellen muss, welche interessanten Möglichkeiten man verpasst hat. Dafür sind die Investitionen zu groß. Uns allen ist klar, dass es für die Architektur einen Statiker als Spezialisten braucht, Gleiches gilt für einen guten Gartenarchitekten, der absehen kann, wie ein Garten in zwei bis drei Jahren aussehen wird, wenn alles ge-

wachsen ist. Bei der Küche ist sich jeder bewusst – nur mit qualifiziertem Küchenplaner erzielt man ein kundengerechtes Ergebnis. Warum sollte ein Bad einfacher zu planen sein, kommen doch auch hier eine Vielzahl von Gewerken zusammen: Heizungsbau, Fliesenleger, Elektriker, Installateur, Maler und ggf. Natursteinbauer oder Parkettleger. So rate ich selbst guten Freunden von mir, die Architekt oder Innenarchitekt sind: Nie ohne kompetenten Badplaner – sonst erlebt man herbe Enttäuschungen.

Das Badezimmer als Oase gewinnt zunehmend an Bedeutung. Angenommen, Sie könnten in die Zukunft schauen, wo sehen Sie das Bad in etwa fünf bis zehn Jahren?

MS: Das Bad wird unser „Private Heaven". Hier können wir uns gern das ganze Wochenende aufhalten. Wenn ich möchte, greife ich auf jedwede Unterhaltung zurück und höre die neueste Musik oder genieße die Übertragung eines Konzerts – in der Badewanne liegend, das Bild per Projektion auf eine Wand geworfen. Vielleicht schaffen wir es auch, im privaten Bereich das umzusetzen, was viele Kulturen im öffentlichen Bereich schon vor Tausenden von Jahren gelebt haben: das gemeinsame Baden und Relaxen. Man trifft sich zum gemeinsamen Dampfbad. Ein Masseur oder Therapeut massiert oder unterrichtet die Gäste in Yoga. Zwischendurch wird diskutiert und zum Ausklang gemeinsam gegessen. Die Offenheit und das Körperbewusstsein werden sich kontinuierlich weiterentwickeln. Wenn ich mich am Strand gegenüber Fremden nackt zeige, warum soll ich dies nicht auch in privatem Ambiente tun? Ich würde mich freuen, wenn das nicht erst in zehn Jahren passieren würde.

Adressen und Bildnachweis

BAD ELEMENTE
Mike Günther
Krohnskamp 15
22301 Hamburg
www.bad-elemente.de
Seite 152
Fotos: Mike Günther

badgestalten. GmbH
Peter Falk
Bloherfelder Straße 106 b
26129 Oldenburg
www.badgestalten.com
Seite 144
Fotos: Simone Ahlers/Photografisches Atelier

Badkultur Beuttenmüller GmbH
Anja Beuttenmüller
Alexanderstraße 20
70184 Stuttgart
Gerhard Beuttenmüller
Hafenbahnstraße 22
70329 Stuttgart
www.beuttenmueller.de
Seite 18
Fotos: Fotostudio Tölle
Seite 68
Fotos: Siegfried Gragnato (S. 68 oben), Frank Pieth
Seite 56, 62 und 86
Fotos: Frank Pieth

Badmanufaktur Thomas Roth KG
Thomas Roth
Wilhelmstraße 52
65183 Wiesbaden
www.badmanufaktur-roth.de
Seite 50 und 140
Fotos: Frank Schuppelius

Bad & Mehr Eugen Büring GmbH
Jürgen Möllers
Bergstraße 69–70
48143 Münster
www.bad-und-mehr.com
Seite 118
Fotos: Dada Petrole
Seite 122
Foto: Janos Nowakowski

Bäder und mehr Nordmann GmbH
Heidrun Nordmann
Sarninghäuser Straße 9
31595 Steyerberg
www.nordmann-steyerberg.de
Villa Team Kreativ
Immanuelstraße 7
32427 Minden
www.villa-team-kreativ.de
Seite 126
Fotos: Oliver Huck/Huck Visuelle Kommunikation

Bäderwerkstatt – Ines Tanke
Ines Tanke
Mainzerhofplatz 6
99084 Erfurt
Am Dorfplatz 4
99192 Apfelstädt
www.baederwerkstatt-tanke.de
Seite 42 und 46
Fotos: Walther Appelt

Boddenberg Bad-Design Heizungstechnik
Georg Boddenberg
Lützenkirchener Straße 391
51381 Leverkusen
Gottesweg 58
50969 Köln-Zollstock
www.boddenberg.net
Seite 130 und 132
Fotos: Christian Ahrens

Bukoll GmbH Bäder & Wärme
Gisela Bukoll
Fritz-Winter-Straße 16
86911 Dießen/Ammersee
www.bukoll.de
Seite 82
Fotos: Daniel Schvarcz

Die Bädergalerie Kachel GmbH
Ursula Kachel
Neckargartacher Straße 28
74080 Heilbronn
www.diebaedergalerie.de
Seite 148
Fotos: Michael Wassersleben

Dreyer
Regine Dreyer
Thilo Dreyer
Dresdener Straße 11
91058 Erlangen
Weißgerbergasse 27–29
90403 Nürnberg
www.dreyer-gmbh.de
Seite 22 und 100
Fotos: Walther Appelt
Seite 28
Fotos: Eckard Wentorf/Syndication

Goldmann Badmanufaktur
Maritta Goldmann
Kollwitzstraße 80
10435 Berlin
www.goldmann-bad.de
Seite 54 und 78
Fotos: Günter Kölbl/REIHER Grafikdesign & Druck

in Zusammenarbeit mit

BLASCHKE ARCHITEKTEN
Weinbergstraße 22
10119 Berlin
www.architektblaschke.de
Seite 78

Hans Schramm GmbH & Co. KG
Fürstenrieder Straße 38
80686 München
www.schramm.de
Seite 136
Fotos: Christine Schaum

Steinrücke Bad + Raum in Perfektion
GL/Planer: Elmar Steinrücke
und Mike Schmiemann/artifex
An der Goymark 17–9
44263 Dortmund
www.steinruecke.net
Seite 96, 104 und 108
Fotos: Sonja Weller

ULTRAMARIN Baden in Emotionen
Stephan Krischer
Mommsenstraße 76
50935 Köln
www.ultramarin.de
Seite 32, 36 und 90
Fotos: Frank Jankowski

WATERFRONT Bathrooms
Eric Demmer
Klaus Stephan
Landsberger Straße 146
80337 München
www.waterfront.eu
Seite 112
Fotos: Maximilian Mutzhas

Wolfgang John GmbH
Renate John
Auf der Steinkaut 1
65558 Heistenbach
Grabenstraße 46
65549 Limburg
www.johnbaeder.de
Seite 70
Fotos: Eckard Wentorf/Syndication
Seite 74
Fotos: Marc Thürbach

Bildnachweis
Titelbild: Frank Jankowski
Umschlag Rückseite (v.l.n.r.): Frank Jankowski,
Frank Pieth, Christine Schaum
Seite 2–3: Walther Appelt
Seite 6: Christoph Brüssel
Seite 14: Walther Appelt
Seite 16: Thomas Popinger für Dornbracht

Designer und Hersteller

bernd beisse lighting
Bernd Beisse
www.berndbeisse.com
Seite 60
Foto: Bernd Beisse Lighting GmbH

EOOS
Martin Bergmann, Gernot Bohmann,
Harald Gründl
www.eoos.com
Seite 40
Foto: Andreas Körner/Duravit

Meiré GmbH & Co. KG
Mike Meiré
www.meireundmeire.de
Seite 94
Fotos: Tim Giesen (Porträt), Thomas Popinger
(Dornbracht Elemental Spa Ritual-Architektur)

sieger design GmbH & Co. KG
Christian und Michael Sieger
www.siegerdesign.com
Seite 156
Fotos: Joerg Grosse Geldermann (S. 156), Studio
Casa, Münster (S. 157)

Philippe Starck
www.starck.com
Seite 116
Foto: Duravit AG, Hornberg

Agape
www.agapedesign.it

alape
www.alape.com

Alois Heiler GmbH
www.heiler-web.com

ALSO Naturstein GmbH
www.solnhofener-naturstein.de

Antonio Lupi
www.antonio-lupi.com

Bette GmbH & Co. KG
www.bette.de

Brumberg
www.brumberg.com

Casa dolce Casa
www.casadolcecasa.com

Ceramica flaminia s.p.a.
www.ceramicaflaminia.it

Ceramiche Refin SpA
www.refin-ceramic-tiles.com

Coers Bad Design GmbH
www.coers-baddesign.de

Cotto d'Este Nuove Superfici
www.cottodeste.it

Dallmer GmbH & Co. KG Sanitärtechnik
www.dallmer.de

Decor Walther
www.decor-walther.de

DELTA LINE+LIGHT GmbH
www.deltalight.de

Dornbracht GmbH & Co. KG
www.dornbracht.com

D+S Sanitärprodukte GmbH
www.duscholux.de

Duravit AG
www.duravit.de

Falper Srl
www.falper.it

Hansgrohe AG
www.axor-design.com

HOESCH Design GmbH
www.hoesch.de

Ideal Standard GmbH
www.idealstandard.de

Interfrotta Bad- und Heimtextilien GmbH
www.luiz.com

Joh. Sprinz GmbH & Co. KG
www.sprinz.eu

Keramag AG
www.keramag.de

KEUCO GmbH & Co. KG
www.keuco.de

Minetti AG
www.minetti.de

MIPA Srl
www.mipadesign.it

N.V. Kreon
www.kreon.com

Pibamarmi
www.pibamarmi.it

PORCELANOSA GRUPO
www.porcelanosa.com

Rapsel spa
www.rapsel.it

Repabad
www.repabad.com

Rex Ceramiche Artistiche
www.florim.it

STENG LICHT AG
www.steng.de

TUBES RADIATORI srl
www.tubesradiatori.com

Villeroy & Boch AG
www.villeroy-boch.com

VOLA GmbH
www.vola.de

WACO
www.waco.be

Zehnder
www.zehnder-gmbh.de

Informationen im Internet

AQUA CULTURA
www.aqua-cultura.de

Vereinigung Deutsche Sanitärwirtschaft e.V.
www.gutesbad.de

© 2009 Verlag Georg D.W. Callwey GmbH & Co. KG
Streitfeldstraße 35
81673 München
www.callwey.de
E-Mail: buch@callwey.de

3. Auflage 2011

Die Deutsche Nationalbibliothek verzeichnet diese Publikation
in der Deutschen Nationalbibliografie; detaillierte bibliografische Daten
sind im Internet über http://dnb.d-nb.de abrufbar.

ISBN 978-3-7667-1810-5

Dieses Buch ist in Zusammenarbeit mit

erschienen.
Redaktion: Martina Brüßel, Thilo Dreyer, Brigitte Beuttenmüller

Projektleitung: Tina Freitag
Lektorat: Sabine Egetemeir, Tina Freitag
Schutzumschlaggestaltung, Layout und Satz:
Arne Klett – Graphik, Esslingen
Druck und Bindung: Mohn media Mohndruck, Gütersloh

Printed in Germany 2011